강남역 10번 출구,
1004개의 포스트잇

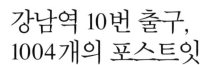

강남역 10번 출구,
1004개의 포스트잇

어떤 애도와
싸움의 기록

경향신문 사회부 사건팀
기획·채록
정희진 해제

나무연필

2016년 5월 17일
서울 서초동의 한 화장실에서 스러져간
그녀를 애도하며

그녀의 죽음을 추모하면서
강남역 10번 출구에
글을 남겨준 이들에게 감사하며

2016년 5월 17일, 23세의 한 여성이 서울 강남역 인근의 남녀 공용 화장실에서 흉기에 찔려 살해당했다. 그녀를 살해한 남성은 "사회생활에서 여성들에게 무시를 당해 범행을 했다"고 경찰에 진술한 것으로 알려졌다.

사건 다음 날 오전부터 그녀가 살해된 곳 인근의 강남역 10번 출구에서는 시민들의 자발적인 '포스트잇 추모'가 시작되었다. 출구의 외벽은 이 사건과 관련한 글이 담긴 포스트잇으로 뒤덮였고, 화환도 줄을 이었다. 서울 한복판의 강남역 10번 출구는 그렇게 피해자를 추모하면서 한국 사회의 여성 혐오에 대한 문제의식을 표출하는 상징적인 공간이 되었다.

5월 23일, 우천이 예보되면서 이곳의 포스트잇은 보존을 위해 서울시청 지하 1층 시민청과 서울시여성가족재단으로 옮겨졌다. 경향신문 사회부 사건팀 기자들은 이 포스트잇이 옮겨지기 직전, 강남역 10번 출구의 외벽과 인간의 추모 게시판에 붙은 포스트잇 1004건을 일일이 촬영한 후 문자화하는 전수 조사를 진행했다. 층층이 포개진 포스트잇들을 모두 갈무리하기는 어려웠지만, 육안으로 확인 가능한 것들은 최대한 채록했다. 좀더 자세한 내용은 '작업 후기'를 참조 바란다.

이 채록물들은 교정만을 거쳤으며, 순서의 배치에 의도를 개입시키지 않았다. 여기 수록된 글은 많은 시민들이 각자의 마음을 담아 표현한 목소리이니 순서와 무관하게 읽어주시기 바란다. 결이 다른 의견들도 제각각 표출되어 있으나, 이 모든 것이 강남역 10번 출구에 담겨 있었던 것들이다. 중복되는 글 또한 그만큼 절박하게 반복된 목소리라 판단해 거르지 않았다.

수많은 시민들이 직접 강남역 10번 출구를 찾아와 남긴 글들을 모은 것인 만큼, 이 책의 필자는 그곳에 찾아가서 글을 남겨준 이들이다. 여러 사람의 추모와 각성 그리고 성찰이 모여 작은 책 한 권을 만들어낸 셈이다. 여기에 이 기록을 갈무리하기로 기획하고 채록한 경향신문 사회부 사건팀의 노고가 더해져 온전한 책으로 완성될 수 있었다. 이 책에 실린 포스트잇을 작성한 원저작자를 일일이 확인하는 것이 현실적으로 불가능함에도 불구하고 한 권의 책으로 출간하는 것이 하나의 아카이빙으로서 강남역 10번 출구의 목소리를 사회적으로 공론화하는 데 유의미하겠다는 판단하에 단행본 작업을 진행했음을 밝혀둔다. 포스트잇에 자신의 생각을 적어주신 분들께 감사를 표하며, 일일이 출간 허락을 받지 못한 점에 대해 너그러운 양해를 부탁드린다. 경향신문과 나무연필은 이 단행본의 판매를 통해 발생하는 인세를 전액 기부하기로 했으며, 전자책은 무료로 배포할 예정이다.

이 채록물은 2016년의 화창한 봄날 벌어진 한 여성의 살인 사건 자리에 용기를 내어 나아가 깊은 추모와 함께 이 사안에 대한 절실한 생각들을 토로한 글들이다. 이 1004개의 글이 죽은 이를 애도하고 살아 있는 이들의 슬픔을 위로하면서 더 나은 세상을 만들어가는 데 든든한 버팀목이 되어주기를, 또한 동시대에 벌어진 한 살인 사건에 대한 사회의 반응을 보여주는 1차 자료로서 차후의 연구에 탄탄한 토대가 되어주기를 바란다.

차례

포스트잇,
1004개의 목소리

1004   삼가 고인의 명복을 빕니다. 이곳의 포스트잇은 테러도 범
죄도 아니라 모든 사람들이 그동안 겪어온 비참함과 힘듦
이 한 장 한 장 모인 것입니다. 그러니까 뭐라 하지 마세요.

1003   All is calm, All is bright.
고인의 명복을 빕니다.

1002   여성 혐오라는 걸 왜 모르는 거야.
삼가 고인의 명복을 빕니다.

1001   초점은 너에게, 가해자에게.

1000   2016년인데 나는 아직 무서워요. 오늘 여기에 온다고 했
더니 친구들이 걱정했어요. 해코지당할까봐 무섭대요. 나
는 오늘 여기에 오는 것도 무서웠어요.

999   화장실 갈 때 몰래카메라, 살인을 두려워하지 않고 휴지를
걱정하는 날이 오기를. 삼가 고인의 명복을 빕니다.

998   조심히 들어가! 도착하면 카톡 해!
남성분들도 귀가할 때 이런 인사를 하십니까?

여자라서 차별 대상이었는데, 이제는 살해 대상까지 되었 997
다. 삼가 고인의 명복을 빕니다.

살女주세요. 넌 살아男잖아. 996

방금 두 여자가 이야기하면서 지나갔다. "내가 이민 가는 995
게 빠를까, 이 사회가 바뀌는 게 빠를까." 망설임 없이 전
자라는 대답이 나오는 사회가 과연 평등하고 평화로운가.

김씨는 16일 오후 11시 40분부터 '아무 여성'이나 살해하 994
기 위해 화장실 안에 숨어 기다렸던 것으로 드러났다. 이
는 절대 '묻지마' 살인 사건이 아니라 여성 혐오 살인 사건
입니다. #강남살인남

추모를 하면서도 얼굴이 팔려 당할까봐 당당하지 못해요. 993

어릴 때부터 매일같이 다녔던 동네, 성인이 되고부터는 동 992
네 친구들과 이따금 술도 먹고 놀았던 곳에서 나와 동갑
인 여자가 그런 일을 당했다는 생각에 너무 마음이 쓰이
고 가슴이 아픕니다. 이런 일이 더 이상 없어야 합니다. 삼
가 고인의 명복을 빕니다.

991　막상 어떤 말을 적어야 할지 엄두가 나지 않아요. 그럼에도 바꿔서 잘 살 것입니다. 꼭 바꿀 거예요. 고인의 명복을 빕니다.

990　새벽 1시에 밖에 있던 것도, 혼자 화장실을 간 것도, 여자로 태어난 것도, 어느 것도 고인의 잘못은 없습니다. 고인의 명복을 빕니다.

989　우리의 마음은 지지 않는다.

988　단지 여자라는 이유로 죽어야 했던 그녀는 또다른 나입니다. 더 이상 여자이기 때문에 죽임 당하고 죽음의 의미조차 곡해되는 일이 없는 세상이 되길 바랍니다. 삼가 고인의 명복을 빕니다. 다음에는 꼭 남자로 태어나 강간, 폭력, 살인 위협에서 조금, 많이 더 안전해질래요.

987　'여자'가 '약자'로 인식되는 세상. 더 이상 외면하지 않을게요. 고인의 명복을 빕니다.

986　인간 기본 생리 욕구조차 누군가의 눈치를 보아야 하나요? 삼가 고인의 명복을 빕니다.

남자의 화를 돋워서는 안 되며 항상 조신하게 행동해야   985
하며 노출 있는 옷을 입어서도 안 되고 밤늦게 돌아다녀
도 안 되며 이제는 혼자서 공공 화장실도 가면 안 됩니다.
여자도 사람입니다. 살려주세요. 살려주세요.

사람을 죽이면 안돼요. 사람을 강간하면 안돼요.   984
이해가 안 되면 외워라.

범죄의 이유가 사회에 깊이 뿌리내린 여성 차별임을 인정   983
하지 않으면 우리 사회에 변화란 있을 수 없다. 나는 여자
다. 그리고 여자라고 비명횡사하는 사회에 살고 싶지 않다.

죽은 사람이 남자였어도 '화장실남'이라 했을까요?   982

너의 죽음에 네 탓은 없지만 그동안 침묵했던 내 탓이 있   981
는 것 같아서 마음 아프고 미안해. 만약 나라도 목소리를
내었다면 지금 넌 살아 있을까. 이제는 침묵하지 않을게.

사람들에게 무시당해도 여자에겐 무시당할 수 없었던 남자.   980

나도 오늘 우연히 살아남은 한 여성이다.   979

14

978　신학을 전공하는 남학생입니다. 살인한 사람이 신학도였다는 점에서 연대 책임을 느끼며 사과드립니다. 신학도로서 정의와 평화를 외쳐도 모자랄 판에, 신학도였다는 사람이 여성 혐오를 이유로 살인을 했다는 점에서 정말 죄송합니다. 용서하지 못하실 것을 압니다. 그럼에도 거듭 사과드립니다. 이 사건을 보며 분노하고 고통스러워하시는 많은 여성분들의 소리를 제가 경청하지 못했습니다. 약자의 입장에 더 가까이 서서 경청하고 같이 아파하는 신학도가 되겠습니다. 정말 죄송합니다. 삼가 조의를 표합니다.

977　여성을 화초만으로 여기지 말아주세요.

976　여성 혐오. 이 이야기를 단순히 '강자/약자' 혹은 '갑/을'로 만들어버리고 싶은 모든 '보편주의자'들에게. 날마다, 해가 지면 죽음의 공포를 느껴야 하는, 성폭력의 공포를 느껴야 하는 삶을 생각해보시길.

975　여성을 보호하지 마세요.
　　　보호받지 않아도 되는 환경을 만드는 데 동참하세요.

974　방관도 동조입니다.

여자라는 이유 때문에 살해당해야 하나요? 저희가 옷 예   973
쁘게 입고 화장하고 미소 짓는 이유는 당신들 때문이 아
닙니다. 저희의 행복을 뺏어가지 마세요. 제발.

무엇이 그리 두려워   972
여혐 살인이 아니라 '묻지마'라 하는가?

남성을 잠재적 범죄자라 부르는 것은 전체 문제의 인식을   971
위한 단계에 불과하다. 당신이 나를 해칠 수 있다는 사실
의 인지. 그리고 내가 그게 두렵다는 것. 남성 6명은 그냥
보내고 여성을 살해했으며 아직도 밖에선 여성 범죄가 즐
비한데 왜 젠더를 배제시키는가?

땅이 기울었는데 어떻게 평등할 수 있죠?   970
기계적 중립론자들.

나는 늦은 밤 인적이 드문 길을 조심할 필요가 없었고, 공   969
중화장실을 조심할 필요가 없었다. 그렇기에 나는 매일 살
얼음판을 걸었던 여성들의 고통을 감히 가늠할 수 없다.
여성 멸시로 인해 일어난 범죄로 희생된 모든 이들을 추
모합니다. 여성들이 자유로워지는 세상을 희망합니다.

968   여혐, 남혐 똑같다고 하지 마라. 페미사이드 인정해라.

967   다음에는 여자로 태어나지 말아요. 태어나도 대한민국의
       여자로는 태어나지 말아요. 삼가 고인의 명복을 빕니다.

966   남자들이라면 가해자가 아니라 피해 여성의 아버지, 남자
       친구, 피해자를 사랑했던 수많은 남자들, 그 사람들을 생
       각해보세요!

965   (위 포스트잇에 이어) 죽인 사람도 남자인데요?

964   남의 물건을 훔치는 것보다 더 나쁜 게 있어요. 그게 뭐냐?
       고통을 외면하는 것이에요. 고통의 울부짖음을 들어주지
       않는 것이에요. 세상의 모든 죄악은 거기서 시작돼요.

963   아무렇지 않게 특권을 누려왔습니다. 우리가 공범입니다.
       정말 미안합니다. 그곳에선 안전하게 편히 쉬세요.

962   당신이 하늘로 가버린 그날부터 나도 같이 죽어버린 것
       같습니다. 우리 다음 생에 다시 여자로 태어나도 행복하게
       살아갈 수 있는 세상이 될 수 있게 싸울게요.

죽어서는 안 될 '사람'이 죽었다.   961
"엄마도 여자라 엄마가 갖다준 옷 안 입었다."
여혐 아니라는 헛소리 그만.

혐오가 살인을 만들었는데   960
왜 혐오에 대한 합의가 없이 추모를 방해합니까.

죽이지 않았다고 여성 혐오가 아닌 게 아니다. 강간하지   959
않았다고 여성 혐오가 아닌 게 아니다. 여전히 드라마에서
팀장, 전무, 사장은 모두 남자고 그들의 배우자는 모두 존
댓말을 쓴다. 여성 멸시가 곧 혐오다. 그 멸시는 우리 생활
깊이 파고들어와 있다.

다음 생에도 여자로 태어납시다.   958
그때는 세상이 바뀌어 있도록 지금부터라도 행동할게요.
미안합니다.

명백한 '여성 혐오 범죄'인데도 '묻지마' 살인이라고 제목   957
붙이고 가해자의 꿈을 앞다투어 보도하는 기자들도 여성
혐오에 물들어 있다는 사실을 깨달아야 합니다. 삼가 고인
의 명복을 빕니다.

956 "여혐? 난 잘 모르겠는데."

"당연하지. 너도 여혐에 동조, 방관하고 있었으니까."

955 반반의 확률로 남자로 태어나 여성의 고통을 모르고 살았
습니다. 남자였기에 무지했고 남자였기에 무감했으며 남
자였기에 무시했습니다. 너무 늦게 알아버렸습니다. 이제
부터라도 알고 공감하고 행동하며 노력하겠습니다.

954 저는 오늘 우연히 살아남았습니다.

이게 여성 혐오 살인이 아니면 무엇이 혐오란 말인가요.

953 잠재적 범죄자로 일반화하지 말라고요? 그전에 여혐으로
일반화당해서 죽은 피해자는 생각해봤어요?

952 범인이 말했다. '여자'를 기다렸다 죽였다. 엄마가 준 옷도
안 입었다. 엄마도 '여자'니까. #여성혐오범죄. 본질을 숨
기려는 의도가 무엇인가?

951 정치를 하는 한 사람으로서 깊은 책임감을 느낍니다. 사회
문제의 해결을 위해 조금이라도 무엇인가를 이룰 수 있도
록 최선을 다하겠습니다.

여성은 '퀘스트 보상'이 아닙니다.   950
당신과 같은 '플레이어'입니다.

저는 23살 여자입니다. 저는 참 무섭습니다. 길을 걸을 때,   949
특히 밤이고 골목길일 때, 남자가 걸어오면 무섭습니다.
혼자 자취를 하는데, 7층에 살지만 어떻게든 창문을 타고
넘어올까 무섭습니다. 화장실에 갈 때면 누가 옆 칸에서
몰래 찍고 있지 않을까 무서워 아래위를 번갈아 쳐다봅니
다. MT를 가면, 혹시 자는 나의 몸에 누군가의 손이 닿을
까 겁이 납니다. 폐쇄형 화장실에 갈 때면 무서워 늘 친구
를 데리고 갑니다. 누군가는 저에게 '예민하다'고 말합니
다. 네, 저는 예민한 여자가 되었습니다. 스스로 이렇게 경
계하고 두려워하지 않으면, 언제 칼에 찔려 죽을지 모른다
는 두려움을 늘 안고 살아가는 평범한 23살 여자이기 때
문입니다.

나는 집에 갈 때 무거운 텀블러와 핸드폰을 손에 쥐고 갑   948
니다. 이제 화장실 갈 때도 가져가야 하나요?

정말 '묻지마 범죄'라면 앞의 '남성 6명'은 왜 그냥 보냈을   947
까요? 이건 '여성 선택 범죄'가 맞습니다.

946 과연 정신병자가 우연히 여성을 죽인 걸까? '여혐남'이 정
신병도 갖고 있었던 걸까? 먼저 들어온 6명의 남자가 무
사한 건 여자가 아니었기 때문이 아니었을까?

945 걸을 수 있고 인지하기 시작한 시점부터 항상 조심해왔다.
낯선 오빠, 낯선 아저씨, 아는 오빠, 아는 아저씨를 조심하
라 교육시킨 건 사회면서 왜 이제 와서 잠재적 범죄자 타
령 하는지 이해가 되지 않는다. 하루하루 무사히 집에 돌
아온 것에 대해 안도하는 내 자신이 불쌍하지만 더 이상
안도할 수도 없는 너는 어떨까. 23살, 많은 것을 할 수 있
는 나인데 너의 모든 가능성이 스러진 데에 책임감을 느
낀다. 속상하고 미안하다. 나만 살아남아서. 나는 살아남
아서. 다음 세상에는 꼭 남자로 태어나자. 우리 같이.

944 나와 동갑인 당신의 부고를 들었을 때 나는 정신이 아득
해졌습니다. 당신이 아픔과 무서움 속에 있을 때 나는 아
무것도 모른 채 안락한 삶을 영위했습니다. 바꾸기 위해
노력하는 것으로 갚겠습니다. 발 디딜 때마다 푹푹 꺼지는
땅을 계속 밟으며 나아가겠습니다. 명복을 빕니다.

943 이것은 남혐이 아닙니다. 착각하지 마세요.

'지겹다'라니. 추모를 '지겹다'고 하지 마세요.   942

남자친구분 충격이 크실 텐데 기도해드리겠습니다.   941

(위 포스트잇에 이어) 피해자, 피해자 유가족, 공포 속에 살고   940
있는 이 땅의 여성은 뒤로하고 기도는 남친에게?

남성을 잠재적 가해자로 일반화하려는 게 아닙니다. 여자   939
들이 잠재적 피해자라고 주장하고 있는 것이에요. 여자가
남성(gender)의 보호가 없이도 안전한 사회를 바랍니다.
삼가 고인의 명복을 빕니다.

당신의 피켓에는 이런 것들이 담겨 있습니다. 남성인 나는   938
잠재적 범죄자가 아니라는 자기 변호, 불안의 대상에게 배
려를 받고 협력하라는 불가능한 요구, 이번 사건으로 여성
들이 느낀 공포와 분노를 '성 대결'로 몰아버리는 오독.

나는 수학 과외 선생님에게 성추행도 당해봤고 길 가다가   937
모르는 사람한테 팔뚝을 잡혀 끌려다녀보고 남학생한테
성희롱도 들었지만, 남자인 친구한테 일반화하지 말라는
소리를 들었다.

936 どうすれば同じ犯罪が二度と起こらないか, 真剣に考え
ていきます. 安らかに眠ってください.

(어떻게 하면 두 번 다시 이 같은 범죄가 일어나지 않을지 진지하게 고
민했으면 합니다. 편히 잠드소서.—편집자)

935 저였을 수 있었습니다. 여성으로서, 한국의 삶은 하루하루
'살아가는'이 아닌 '살아남는'이 맞는 표현이니까요. 죽인
남자를 탓하기 전에 죽은 여자를 탓하는 나라의 여자로서
더 이상의 비극이 일어나지 못하도록 막을 힘이 없다는
것이, 그저 분노할 뿐이라는 것이, 꿈을 잃은 당신에게 다
시금 미안하고 미안합니다.

934 오늘도 억지로 '남장'을 해서 살아남았다. (당신을 기억하는
트랜스 여성이)

933 '우발적'으로 벌인 '묻지마' 살인이 아니라 한 시간 동안
'여성'만 기다려 살해한 '계획적'인 '여성 혐오' 살인이다!

932 여성을 성폭행하지 말아주세요.

931 여기서 모른 척하고 넘어가면 다음은 누가 될지 모릅니다.

항상 조심하지 않아서 피해자가 되었다고 한다. 하지만 조심하면 남성을 예비 범죄자 취급하는 나쁜 년이 된다. 나는 살아남기 위해서 '예민녀'가 되었지만 이제 그것조차 소용없음을 느낀다. 고인의 명복을 빕니다.

930

밤늦게 길거리에 여자 혼자 돌아다니지 마라. 함부로 택시 혼자 타지 마라. 시비를 걸어도 그냥 피해라. 이젠 공중화장실엔 혼자 가지 마라. 그냥 남성분들이 살인, 강간을 하지 않으면 되는 간단한 문제입니다.

929

오늘도 살아 있음이 당연한 게 아니라 다행이어야 해서 슬픕니다. 고인의 명복을 빕니다.

928

삼가 고인의 명복을 빕니다. 약자가 조심하는 것으로 안전한 사회가 유지되는 세상이 되지 않기를 함께 노력합시다.

927

수천 송이 꽃을 가지고 온들 그대 한 송이만 할까.
미안하다.

926

고인의 명복을 빕니다. 남성으로서, 청년으로서, 아나키스트로서, 시민으로서, 그리고 인간으로서 연대하겠습니다.

925

924 여기 모인 사람들, 온라인에서 묵묵히 지켜보는 사람들, 모두 잊지 말고 기억해요. 세월호도, 강남역도. 더디더라도 사람이 살 수 있는 세상 만들기로 잊지 않고 다짐해요.

923 여성은 보호를 받아야 하는 존재가 아닙니다. 보호받지 않아도 누군가의 위협으로부터 안전해야 하는 게 당연한 겁니다.

922 기도할게요. 편히 쉬세요.

921 근본적인 대책과 남녀 대립이 아닌, 공감하는 인식의 전환과 모두가 행복하고 안전하고 아름답게 평화로운 그런 천상의 천국처럼 지내길 진심으로 바라며 다시 한 번 애도를 표합니다.

920 평소에 공감하지 못했던 일을 이번 사건으로 처음 인식하게 되었습니다. 죄송합니다. 행복하세요.

919 개인이 가지고 있던 여성 혐오뿐만 아니라, 이 사회가 가지고 있던 보편적인 여성 혐오에 대해 이제는 인정해야 합니다.

그녀가 차갑게 죽어갈 때 그녀의 남자친구는 그녀를 살리
기 위해 애썼고, 그녀의 부모님은 그녀가 이런 일을 당했
으리라고는 꿈에도 몰랐을 것이다. 그녀가 영면에 들고 나
는 묻는다. 그녀가 죽은 후 여기저기 난리 피우는 사람들,
장례식장에서 조용히 장례를 치르는 남자친구와 부모님,
두 부류 중 누가 더 슬퍼하는 사람들인지. 고인의 명복을
빕니다.

'죽이지 마세요. 강간하지 마세요. 성추행, 성희롱 하지 마
세요'가 어떻게 남성 혐오인지 이해 가지 않는다. 이 당연
한 것을 말해도 이해하지 못하고 반론한다는 건 예비 범
죄자이다.

여자에게 무시당해서.(X)
여자에게까지 무시당해서.(O)

강: 강물은 흘러흘러 바다로 모인다 했다.
남: 남들과 같이 한 줄기 강물 되어 자신의 인생을 살면 될
것이었다.
역: 역경은 있어도 이리 허무할 줄은 몰랐을 것이다.
오늘, 너의 물살이 이곳에 흐른다.

914 오늘은 무더운 날입니다. 당연하게 같은 태양 아래에 있을
수 있었는데. 삼가 고인의 명복을 빕니다.

913 여성에 대한 혐오를 인식하지 못하는
모든 이들에게 애도를.

912 나는 오늘 살아남았어요.
하지만 내일은? 앞으로는?

911 살아남은 여성들의 절규가 이곳에 모였습니다. 저 역시 생
존자로서 이곳에 목소리를 더합니다. 우리나라 여성 가운
데 신체적 모욕, 성추행, 강간, 나아가 죽음의 위협에서 과
연 몇이나 자유로울 수 있을까요. 내가 될 수 있었던 그 죽
음, 다음엔 내 차례일 수도 있다는 공포. 비단 개인의 문제
가 아니라 이 병든 사회의 문제로서 모두가 느껴주었으면,
그리고 조금씩 변화시켜나갔으면 좋겠습니다. 삼가 고인
의 명복을 빕니다.

910 삼가 고인의 명복을 빕니다. 여자들도 편하게 살 수 있는
안전한 나라가 되길…. 이런 일이 생기지 않길 바라고 또
바랍니다.

WEIL SIE EINE FRAU IST.   909

(그녀가 여성이기 때문에.―편집자)

이번 사건을 통해 내 주변 사람들의 아픔에 얼마나 무심   908
했는지 깨달았습니다.

아직도 현실 부정, 축소하는 남자들.   907
천벌 받아라. 수치를 알아라.

추모하러 올 거 아니면 왜 와요? 장례식에서 난동 부리는   906
거랑 다를 게 뭡니까. 편히 쉴 수 있게 도와주세요.

'모든' 남자가 그렇지 않기에 안전하다고 한다면,   905
러시안룰렛은 더없이 안전한 게임이다.

정신분열증 때문이라고 합리화하지 마세요.   904
제 동생은 정신분열증 환자이자 페미니스트입니다.

아들 키우는 엄마입니다. 제 아들은 여성을 차별하고 혐오   903
하는 사람으로 키우지 않을 것입니다. 삼가 고인의 명복을
빕니다.

902 아직도 많은 사람들이 당신의 죽음으로 단순히 편 가르기 하고 있다고 이야기해요. 하지만 당신은 너무나도 명백히 여성 혐오에 의해 살해당했습니다. 나는 그런 고구마 답답이들과 대화하겠습니다.

901 고인의 명복을 빕니다. 추모를 위한 자리에서 여러 사람들이 갈등을 일으키고 있는 것 같아 아쉬운 마음입니다. 모두가 서로를 이해하고 관용의 정신으로 사회를 만들어간다면 좀더 좋은 사회가 될 것 같습니다. 모두 행복하세요.

900 삼가 고인의 명복을 빕니다.

899 저는 잠재적 가해자입니다. 고인의 명복을 빌며 여성 차별, 여성 살해가 없는 세상이 되었으면 합니다. 죄송합니다.

898 당신을 보러 대전에서 왔어요.
다시는 이런 일은 일어나지 않기를.

897 여성들은 이것을 '재난'이라고 말하고 외치고 있습니다.
남성들은 이것을 회피하거나 외면해서는 안 됩니다.
삼가 고인의 명복을 빕니다.

피의자는 정신분열증을 앓았다고 합니다. 언론들은 여성 896
혐오가 아닌 개인의 범죄라고 보도합니다. 그러나 그가 여
성에게 무시받는다는 생각을 하게 만든 것은 무엇인가요?
Misogyny가 만연한 우리 사회가 아닌가요?

사회적 비극이라 생각합니다. 억압하고 억압받는 사회. 화 895
해와 타협으로 이끌어주세요, 제발. 고인의 명복을 빕니다.

묻지마 살인 사건 아닙니다. 비뚤어진 여성관을 갖고 여성 894
을 지독히도 혐오해 벌어진 '여성 혐오 살인 사건'입니다.

돌이켜보자. 여자는 1) 운전을 해도 2) 짧게 입어도 3)요 893
리를 못해도 4) 늦은 시간에 다녀도 5) 임신 계획이 있어
도 6) 초음파 검사에서 여아라는 게 밝혀져도 7) 성희롱을
당해도 8) 목소리를 높여도 그 가치를 매도당한다.

여성 혐오 범죄=열등 범죄. 892
인정받지 못하는 것을 여성에게 화풀이하지 마세요.

나의 할머니는 '여자'를 낳았다고 구박당했고 움츠려 살 891
았다. 나는 태어나기 전부터 '운이 좋았다'.

890 STOP FEMICIDE. 쉴 새 없이 죽어나가는 여성들에 대한 기사가 쏟아지는데, 여성으로서 무슨 피해를 입느냐고 하지 마세요. '나는 여성 인권에 관심이 1도 없습니다'라는 말을 돌려 하지 마세요.

889 우연히 살아남았어도 전혀 행복하지 않은 밤입니다.
분노하고, 행동함으로써 바꾸고 말겠습니다.
고인의 명복을 빕니다.

888 남녀 차별의 문제로 변질되어가는 자체가 여성 혐오입니다.
같은 남성으로서 부끄럽습니다.

887 만나주지 않는다고 폭행당하고, 헤어지자 했다고 염산 테러를 당하고, 여성이란 이유로 살해를 당하는 나라. 이런 이유는 어느 나라에서도 정당화되어서는 안 됩니다!

886 꽃 핀 나무들만 괴로운 줄 알았지요.
꽃 안 핀 나무들은 서러워하더이다.

885 삼가 고인의 명복을 빕니다. '여성'이기에 받는 혜택보다 '여성'이기에 받는 두려움이 더 커지는 현실이 무섭습니다.

삼가 고인의 명복을 빕니다. 어제 오늘 내일… 이름도 얼   884
굴도 모르는 많은 여성들이 죽고 있습니다. 제발 살女주
세요.

사회에 만연한 여성 혐오와 Sexist를 자각하지 못한 것은   883
당신이 남성이고 기득권자이기 때문입니다. 여성들은 운
이 좋아야 살아남는데.

딸을 '단속'하지 말고 아들을 '교육'시켜야 합니다!   882

수치를 아는 인간이 되는 것, 약자에 손을 뻗어 때리는 것   881
이 아니라 같이 길을 가는 것. 매번 수치는 나의 몫이 되
고. 삼가 고인의 명복을 빕니다.

여성 혐오, 장애인 혐오, 성소수자 혐오, 이주민 혐오. 온갖   880
혐오를 낳는 사회구조에 맞서 새날을 위해 투쟁하겠습니
다. 여성 해방 쟁취 투쟁! 결사 투쟁!

'여성'이라는 이유로 죽고 싶지 않다는 게 왜 남혐인가요.   879

의식해야 인식이 바뀝니다.   878

877   모든 남자를 잠재적 범죄자로 모는 것이 아닙니다.

876   여성과 남성 모두 평등하게 대우받아야 하는 존재입니다.
       지금이 조선 시대도 아니고 '남성이 우월하네, 여성이 우
       월하네' 따지지 맙시다. 평등한 사회를 만들어주세요.

875   나는 남성을 위해 존재하는 보상품이 아닙니다.
       마구 대하고 죽여도 되는 존재도 아닙니다.
       나는 살고 싶습니다.

874   내가 죽었어도 이상할 게 없었어요.
       당신의 죽음은 곧 나의 죽음이기도 합니다.
       부디 좋은 곳으로 가셔서 행복하시길 빕니다.

873   화장실을 같이 가달라는 게 아닙니다.
       혼자 가도 안전하고 싶다고요.

872   왜 나는 하루하루를 '운'에 맡겨야 하나요? 여성이라서?
       그 이유 하나로? 삼가 고인의 명복을 빕니다.

871   살아男은 새끼야, 닥쳐.

"이런 거(포스트잇) 여자나 쓰지"라고 하면서 가시던 남성 870
두 분, 살해당할까봐 두려워하는 삶이 아니라 참 부럽습
니다.

당연히 누려야 할 '생존권'을 위해 여자만 힘들게 노력하 869
며 살지 않을 수 있는 세상을 꿈꿉니다.

여자라서 살해된 것이다. 868
만만해서 살해된 것이다.

택시를 탈 때, 엘리베이터를 탈 때, 길을 지나갈 때, 모든 867
일상에서 두려움을 떨칠 수 없는 생활을 합니다. 남자분들
은 상상할 수 있는 일상인가요? 저는 웃고 있지만 언제나
마음은 졸이면서 살고 있어요. 죽을까봐.

misogyny kills. #살아남았다. 866

사람이 사람을 100% 이해하는 건 불가능하다. 그래도 이 865
해하려는 노력은 할 수 있잖아요. 밤중에 마주치는 사람의
위협, 여자라면 누구나 다 당해봤을 성추행. 혐오 그 자체
를 이해해줄 순 없나요?

864   사형제도 부활시켜 인권 없이 떠나간 수많은 님들의 영혼
       이라도 위로하겠습니다.

863   (위 포스트잇에 이어) 사형제도로 성차별을 바로 세울 수 있
       다는 당신의 의견에 동의하지 않습니다. 우리들의 일그러
       진 사회는 불평등과 차별이라는 뿌리를 뽑아야 바로 세울
       수 있습니다. 이 추모 공간 보존할 예산으로 공공 화장실
       이나 설치하려는 발상이야말로 여성들과 소수자들을 사
       회의 주체가 아닌 객체로, 누군가의 말을 들어야 하는 존
       재로 전락시키는 행위입니다.

862   남자에게 보호받고 싶지 않습니다.
       남자 없이도 안전하고 싶을 뿐이에요.
       삼가 고인의 명복을 빕니다.

861   잠재적 가해자라서 듣기 싫은가요.
       나는 '잠재적 피해자'라서 무섭습니다.

860   당사자들이 내고 있는 목소리를 왜 금지하나요? 여혐 범
       죄를 소수자 혐오 범죄로 명칭하면 뭐가 달라지나요? 고
       인의 명복을 빕니다.

여자여서 살해당했습니다. 859
여자여서 불안해하는 저는, 유난인가요?

Femicide. '여성 혐오' 살인입니다. 858

남자여서 참 다행이라고 생각합니다. 누군가의 일상을 밀 857
어낸 자리에 나의 일상이 자리한다는 깨달음. #남자여서
살아남았다.

사건이 일어난 지 일주일도 되지 않았는데 '일부' '소수 856
의' 남성들은 여전히 '김치녀' 등의 혐오 발언을 하는 사
회에서 살고 있습니다. 여성 혐오를 멈춰주세요. 공감할
수 없다면 침묵이라도 해주세요.

정신병을 핑계로 도망치지 마십시오. 정신과 갔다 온 게 855
핑계가 되지 않습니다. 제가 정신과 다녀봐서 압니다. 당
신은 정신병자가 아니라 그냥 가해자입니다.

나는 여혐에 반대했지 '남혐'하지 않았습니다. 더 이상 이 854
런 피해자가 나오지 않기를 바랍니다. 고인의 명복을 빕
니다.

853   남혐, 여혐을 조장하는 사람. 그렇지 않은 사람. 모두 어머
      니 뱃속에서 나와 아버지의 보살핌을 받으며 살아온 여자
      와 남자이며, 여자는 당연히 보호받아야 하며. 좀더 성숙
      한 생각들을 가졌으면.

852   그 화장실은 나도 가본 적 있는 화장실입니다. 나는 정말
      우연히 살아남았습니다. 나는 살아남은 자로서 책임을 지
      겠습니다. 더 이상 여성들이 여성이라는 이유만으로 살해
      당하는 사회를 묵인하지 않을 것입니다. 삼가 고인의 명복
      을 빕니다.

851   남자들은 여기서도 여자들을 가르치려 한다.

850   추모의 현장에서 인정 투쟁하고 몰카 찍는 남성.
      인간이라면 부끄러움을 느끼시길.

849   범죄는 일어나서는 안 될 일입니다.
      남성이 여성을 죽인 게 아니라
      사람이 사람을 죽인 것입니다.

848   나는 오늘도 무사히 살아남았다.

죄송합니다. 847
함께 싸우겠습니다.

피해자는 여자라서 죽었습니다. 846
나일 수도 있었습니다.

13년 전 고등학생 때 화장실로 끌려가 성폭행을 당한 후 845
화장실은 제게 두려운 공간이 되었습니다. 10여 년이 흘
러 겨우 '화장실 트라우마'를 극복했는데. 당신은 나보다
더 무서웠겠죠. 다음 생엔 우리 여자로 태어나지 말아요.

여성들의 공포가 이해 안 돼요? 844

나의 안전은, 나의 치안은, 나의 자유는 843
지금 어디 있습니까?

범죄자로 일반화하지 말라고? 842
여자는 이미 '피해자'로 일반화됐다!

여기서 뭘 어떻게 더 조심하라는 겁니까? 841
조심하지 않아도 괜찮은 세상을 원합니다.

840   남녀가 서로의 고통을 나눌 수 있기를.

839   나는 여기에 정신병자가 두려워서 온 게 아니다.
        남자가, 밤길이 무서워서 왔다.

838   '진정한 추모'가 뭘까요? 한 사람이 여자라는 이유로 살해
        당했습니다. 명백한 사실을 외면한 채 '진정한 추모'라는
        건 할 수 있는 건가요?

837   추모 장소에서 안 좋은 모습 죄송합니다.
        좋은 곳으로 가십시오.

836   나는 잠재적 가해자입니다. 그리고 방관자였습니다. 여성
        혐오를 방조하였고, 방조를 통해 여성 혐오에 참여했습니
        다. 나는 잠재적 가해자입니다. 정말 죄송합니다. 죄송합
        니다.

835   싸우지 않겠습니다. 죄송해요. ㅜㅜㅜ

834   삼가 고인의 명복을 빕니다.
        세상이 더 안전하고 평등해지길….

추모하러 오는 이 순간조차 나의 안전을 걱정하고 혹시 833
나 찍힐 몰카가 두려워 얼굴을 가렸습니다. 이게 정상입니
까? 이래도 여성 혐오가 없습니까?

하늘나라 가서 행복하세요. 832

인터넷에서 이 사건 이후로 공중화장실을 더 이상 이용하 831
지 못하겠다고 하는 여자들을 비웃는 남자들의 댓글을 봤
어요. 너무 화가 났지만 한편으로는 부러운 마음이 들었
어요. 나도 밖에서 화장실이 가고 싶을 때 몰카나 살해 걱
정 없이 마음 편하게 가고 싶어요. 삼가 고인의 명복을 빕
니다.

나부터 바뀔게. 830

언니, 나는 잊지 않을 거예요. 829

다시는 이런 일이 일어나지 않기를…. 828

무고하게 돌아가신 삼가 고인의 명복을 빕니다. 부디 편안 827
히 영면하시길 진심으로 바랍니다.

826   이렇게 기울어진 사회에서
      나는 오늘도 우연히 살아남았다.
      존중이 사라진 사회, 어디까지 갈까요.

825   삼가 고인의 명복을 빕니다.
      부디 그곳에선 행복하시길.

824   다시는 이런 일 없도록 할게요.
      삼가 고인의 명복을 빕니다.

823   더 안전한 대한민국을 만들겠습니다.

822   명복을 빌 수밖에 없는 현실이 안타깝습니다.
      하루라도 빨리 사람들의 인식이 바뀌어야 합니다.

821   무고하게 돌아가신 고인의 명복을 빕니다. 더불어, 서로
      미워하지 않아도 되는 세상이 오길 진심으로 빕니다. 혐오
      를 혐오합니다. 사랑을 사랑합니다.

820   추모 현장에서조차 생명의 위협이 느껴지는 현실이 너무
      슬픕니다. 삼가 고인의 명복을 빕니다.

그 수많은 여성 혐오에 눈감고 의식하지 못한 것에 반성 819
합니다. 미안합니다. 이제 말할게요. 제발 그러지 말라고.

나는 오늘도 우연히 살아남았습니다. 818
당신이 대체 무엇을 잘못했나요.
삼가 고인의 명복을 빕니다.

여성 혐오든 남성 혐오든 다 멈춰야 하는 게 맞습니다. 하 817
지만 이 두 혐오를 동일선상에 놓고 생각할 수 있을까요?
남성 혐오로 인한 '차별' '강간' '살인'보다 우위에 있다고
생각하진 않으신다면 여성이 느끼는 공포와 슬픔에 먼저
공감해주세요. 플리즈~

곪았던 상처가 터졌어요. 어느 쪽 이야기를 들어도 머리가 816
아파요. 언제 딱지가 맺고 떨어질지… 휴. 삼가 고인의 명
복을 빕니다. 모두 나은 사회를 위해, 의견 내겠습니다. 행
복해지고 싶어요. 남녀 구분 없이 똑같이 환한 미소로….

여성 혐오를 멈춰주세요. 815

다른 의견을 말할 권리가 '혐오할 권리'는 아닙니다. 814

813 당신의 죽음이 그저 또다른 여자의 죽음이 되지 않도록
      굽히지 않고 싸우겠습니다. 그곳에서는 행복하세요.

812 이곳에 정의는 없지만, 서로 하고 싶은 말을 할 수 있는 것
      자체가 이 사회가 정상적이라는 방증이 아닐까요? 각자
      입장이 다르다고 불만이 많겠지만 평화롭게 해결되면 좋
      겠습니다. 삼가 고인의 명복을 빕니다.

811 친구가 말을 합니다. 이런 일 많았는데 왜 이번에만 이렇
      게 커진 걸까? 저는 충격 받았습니다. 여성의 죽음이 익숙
      해진 나라. 데이트 폭력과 강간이 만연한 나라. 바꿔주세
      요. 바꿔나가요.

810 지겹다고요? 저도 지겹습니다.
      여성 혐오가 지겹습니다. 추모를 지겨워하지 마세요.

809 미안해요.

808 죄송합니다.

807 고인의 명복을 빕니다.

이제 다시는 처음으로 돌아갈 수 없을 겁니다.   806
고인의 명복을 빕니다.
다음이 생기지 않게 노력할게요.

여성이 남성에게   805
피해 받지 않는 세상이 되었으면 좋겠어요!

삼가 고인의 명복을 빕니다.   804

stop misogyny.   803

죄송합니다. 너무나 많은 생각이 듭니다. 저는 2녀 1남 중   802
둘째로 태어났습니다. 제 위의 또다른 언니는 여자라는 이
유로 낙태당했습니다. 저 또한 낙태당할 뻔했습니다. 죽음
을 뚫고 태어나 또다른 죽음을 봅니다. 이제 바뀌어야 합
니다. 삼가 고인의 명복을 빕니다.

행동하는 여성이 되겠습니다.   801

23살. 못다 피운 꿈… 그곳에서 다 이뤄요.   800
기도하겠습니다. 그리고 바꿀게요.

799 부당한 구조 속에서 저는 결코 도덕적으로 자유로울 수 없습니다. 시스템 속에서 이득을 취하며 자신의 일이 아니라고 등을 돌리고 스스로 속인 것 역시 분명한 잘못입니다. 저는 잠재적 가해자입니다. 바꾸기 위해 이제부터 제가 할 수 있는 일을 해나가겠습니다. 슬프고 화가 납니다. 부디 고인의 명복을 빕니다.

798 운이 좋아서 아직 꾸역꾸역 살아남았습니다.
미안해요…. 삼가 고인의 명복을 빕니다.

797 그녀는 죽었다. 그녀가 '여자'이기 때문에.
고인의 명복을 빕니다.

796 한국 여성은 죽을 때까지, 아니 죽고 나서까지 한국 남성에게 공감을 구걸해야 하네요. 이 목소리가 불쾌하다면 당신은 공감 능력이 없는 겁니다. 우리는 보호를 바라는 게 아니라 보호가 필요 없는 세상을 바랍니다. 이게 그렇게 이해하기 어려운가요?

795 편히 쉬세요.
이제는 당당히 말하고 행동으로 옮기겠습니다.

우연히 생존했다. #STOP MISOGYNY   794

부디 편히 쉬세요.   793

고통 없는 곳에 가십시오.   792
삼가 고인의 명복을 빕니다.

가슴이 아프네요.   791
삼가 고인의 명복을 빕니다.

사실 우리가 바랐던 건 그리 대단하지 않습니다. 내가 원   790
하는 옷을 입고 내가 원하는 곳을 가고 나를 잠재적 피해
자의 주체로서가 아닌 하나의 인간으로서, 하나의 개체로
서 대해주기를 바랐습니다. 당신은 저 멀리 갔습니다. 이
사건은 사람들의 뇌리에 깊게 박히겠지요. 나는 앞으로 더
좋은 사회를 만들기 위해 증진할 것입니다. 학생 신분에
가려져 아무것도 할 수 없었단 건 그저 비겁한 변명임을
똑똑히 깨달았습니다. 삼가 고인의 명복을 빕니다. 사랑합
니다.

삼가 고인의 명복을 빕니다.   789

788 고인의 명복을 빕니다.
우리가 살아야 할 사회에서 다신 이런 아픔이 없길.

787 오늘보다 나은 내일을 위해 노력하겠습니다.
삼가 고인의 명복을 빕니다.

786 now feminism.

785 2016년, 나는 아직도 내가 대한민국에서 단지 여자라는
이유로 죽을 수도 있을 거라고 생각도 못했다.

784 삼가 고인의 명복을 빕니다.
다음 생에는 빨리 지는 꽃이 아닌
만개하여 한평생 편히 살다 가는 꽃으로 다시 태어나길.

783 꽃다운 나이의 고인의 명복을 빕니다.
이런 일이 다시는 일어나지 않을 그런 세상을 꿈꿔봅니다.

782 어떻게 아무 죄도 없는 여성한테
그런 잔인한 짓을 합니까.
그런 놈들은 처형해야 한다고 생각합니다.

길을 걷다가 갑자기 찾아온 죽음…. 781

극심한 공포 속에 얼마나 외롭고 무섭고 얼마나 아프고 780
고통스러웠나요. 이제는 온갖 고통에서 벗어나 부처님 세
상을 얻으소서. 우리는 하나. 어려움에 처하고 고통 받는
여인들에게 나부터 깊은 관심을 갖게 하소서.

꽃같이 예쁜 나이… 꽃처럼 예쁜 그대. 부디 다음 생에는 779
이런 하찮은 곳 말고 아름답고 깨끗한 곳에서 마저 못 받
은 사랑도 더해 예쁘고 아름답게 살아갈 수 있기를.

잊지 않겠습니다. 778

삼가 고인의 명복을 빕니다. 저랑 동갑인 나이여서 너무 777
마음이 아파요. 누군지도 모르는 사람한테 단지 여자들이
무시했다는 이유로 죽임을 당했다는 게 너무 무서웠습니
다. 제발 하늘나라에서는 아픔 없이 있길 바랍니다.

중학교 시절, 여학생의 수는 12명, 남학생의 수는 24명, 정 776
확히 두 배의 숫자였다. 나는 태어나기도 전부터 운이 좋
았다. 삼가 고인의 명복을 빕니다.

775 우리 사회의 아픔에 공감합니다.

사회를 세상을 바꾸겠습니다.

모든 걸 바쳐서 이행합니다. 약속합니다.

774 삼가 고인의 명복을 빕니다.

한창 인생을 즐기실 나이인데….

좋은 곳 가셔서 여기서 못 즐긴 인생 전부 즐기시고

행복하셨으면 좋겠습니다.

773 삼가 고인의 명복을 빕니다.

차별과 혐오가 없는 세상이 오기를 진심으로 기원합니다.

772 삼가 고인의 명복을 빕니다.

모두가 더 안전한 사회를 만들어가려 노력하겠습니다.

771 야생의 동물들은 단 10%만이 짝을 얻을 기회가 있다.

최소한의 양심을 가져라, 한심들이여!

770 언니 미안해요. 꼭 좋은 곳 갔을 거라고 믿어요. 절대 이

죽음이 억울하지 않게 보탬이 될 수 있도록 노력할게요.

삼가 고인의 명복을 빕니다.

천국에서 두려움 없이 편히 쉬시길….   769
당신의 꽃다운 인생에 꽃길만 있기를.

늦게 와서 미안합니다. 저보다 어린 나이에, 못한 경험 저   768
세상에서 행복하게 하세요. 삼가 고인의 명복을 빕니다.

저는 여자로 태어나서 좋다고 생각한 적이 있습니다. 그러   767
나 지금은 여자인 제가 너무 싫습니다. 밤늦게 돌아다니는
걸 좋아하는 저는 이제 더 이상 돌아다니고 싶지 않습니
다. 여자라 죽고 남자라 산 분들, 여자를 싫어하지 말아주
세요.

삼가 고인의 명복을 빕니다.   766
더 이상 이런 일이 일어나지 않았으면 좋겠습니다.

자주 가는 노래방에서 이런 일이 일어났다는 것을 듣고   765
이 상황이 내가 당했을 수도 있다는 생각이 들었습니다.
하늘에선 행복하세요. 죄송합니다.

고인의 명복을 빕니다.   764
여성들이 더 안전하게 살 수 있는 사회가 되길.

763   여자라는 이유로 죽지 않아도 되는 세상이 오길….
미안합니다. 고인의 명복을 빕니다.

762   이것은 여성 혐오 범죄입니다.
문제의 본질을 똑바로 봐야 문제를 해결할 수 있습니다.

761   남녀 모두 안전한 사회 좋아요. 그러기 위해 지금 남자들
에게만큼 여자들에게도 안전한 사회 함께 만들어주세요.
여성 혐오를 멈춰주세요. 피해자에게서 더 이상 피해를 당
할 만한 이유를 찾지 마세요.

760   아무리 많은 글이 적혀도 당신은 볼 수 없네요.
너무 늦게 움직여서 미안합니다.

759   13년 전 나는 화장실에서 칼로 협박당해 강도·강간 피해자
가 됐지만 죽진 않았다. 단지 당신보다 약간 운이 좋아서….

758   삼가 고인의 명복을 빕니다. 편히 쉬세요.

757   23 청춘인 네가 간직한 꿈이 있었을 텐데,
그곳에선 아프지 말길.

스물셋이면 너무 어린데.

동생 같은 아이야, 편히 쉬어.

나는 중학생일 때 집에 들어가는 길에 한 아저씨가 내 뒤
를 따라오는 것을 느꼈다. 무섭지만 아닐 거야, 아닐 거야
를 수없이 되뇌었다. 세상에 그런 사람이 몇이나 된다고.
그럴 리 없다고. 우리 집은 2층이었다. 나는 계단으로 올
랐다. 그 아저씨는 엘리베이터를 타겠지 그랬는데 내 뒤를
따라왔다. 나는 뛰고 싶었지만 뛰면 같이 뛸까봐 너무나
무서웠다. 아주 짧은 시간이었지만 나는 죽을지도 모른다
는 기분이 들었다. 그건 너무 힘들고 무력한 감정이었다.
나는 집 문을 차마 따지 못하고 뒤돌아 아저씨를 계속 쳐
다봤다. 그 사람은 내 눈빛을 보고 올라갔다. 아마 2층에
사는 사람이었을지도 모르겠다. 하지만 그때 느낀 그 감정
은 아직도 생생하다. 고작 1층에서 2층으로 오르는 몇 안
되는 계단에서 나는 이미 죽었다.

장난삼아, 그리고 이목을 끌기 위해 김치녀, 된장녀, 남성
에게 의존적인 여성상을 만들어낸 대중매체와 광고 회사
는 이번 일에 책임을 느껴야 합니다. TV, 인터넷 매체가
가진 힘과 권력, 영향력을 깨달으시길.

753 부디 편한 곳으로 가서서 편히 쉬길 바랍니다. 같은 여성
으로서 앞으로 이러한 일이 반복되지 않도록 안전한 사회
가 만들어지길 바랍니다.

752 안녕하세요. 나는 고분고분하고 순종적이고 착하고 얌전
한 아이가 되라고 교육받았습니다. 그러나 내 어떤 성격이
나 조건도 내 성별을 능가하지 못합니다. 나는 아주 우연
히 오늘도 살아남았습니다. 여성으로서 싸우겠습니다.

751 좋은 곳에서 편해지길 기도할게요.
여긴 우리가 나아질 수 있게 노력할게요.
삼가 고인의 명복을 빕니다.

750 Rest in Peace.
좋은 곳으로 가길 빕니다.
Think that it could have been you.
당신일 수도 있었습니다.

749 피해자의 대상이 되는 여자들을 교육하는 세상이 아닌 가
해자들에게 도덕적으로 어긋난 행동임을 가르치는 세상
에 살고 싶다.

우리는 이길 수밖에 없습니다.   748
우리는 있는 걸 있다고 하고
그들은 있는 걸 없다고 우기고 있기 때문입니다.

추모식까지 와서 초록티 입은 남자는 '메갈녀' '된장녀'라   747
고 욕을 하고 있다.

삼가 고인의 명복을 빕니다.   746

만약, 정말 만약에 우리 사회가 조금이라도 책임을 느낀다   745
면 제발 변하자, 제발…. 삼가 고인의 명복을 진심으로 빕
니다.

오늘도 나는 우연히 살아남았습니다.   744
삼가 고인의 명복을 빕니다.

묻지마 살인이 아니라 여성 혐오 살인이다.   743
여성 이슈에서 여성을 지우지 마라.

다만 사람이 죽었고 20대의 꿈이 저버렸다.   742
미안합니다.

741 삼가 고인의 명복을 빕니다.
한국 남자로서 부끄럽고 죄송합니다.

740 일베 아님. 메갈 아님.
한국 여자 'OO녀' 의식 약자 죽이는 짓.

739 여혐 사회가 여기에 있는데
왜 보지를 못하지(않니)?

738 나는 잠재적 가해자입니다.
이것이 싫다면 바꿉시다.

737 뭐라 드릴 말씀이 없습니다. 삼가 명복을 빕니다.
더 좋은 세상을 만들어
이런 일이 다시 없도록 노력하겠습니다.

736 삼가 고인의 명복을 빕니다.
그곳에서는 예쁜 모습으로 편하게 있기를 기도합니다.

735 딸내미들이 있는 엄마로서 가슴이 아팠어요.
고인의 명복을 빌어요.

여성들은 살해당하고 강간당하고 억압받고 남성들에겐   734
너무 당연한 것조차 누리지 못하고 있는데 텍스트로 잠재
적 가해자 소리 듣는 게 그렇게 억울하니. 그래도 너희는
오늘 밤 늦게 귀가하면서 뒷사람 발소리에 신경 곤두세우
지 않을 거잖아.

하루가 멀다 하고 데이트 폭력, 강간, 살인 사건이 일어나   733
는 나라. 지금 이 순간에도 남자친구, 남편의 폭력에 많은
여성들이 고통 받고 있습니다.

삼가 고인의 명복을 빕니다. 안타까움에 눈물이 납니다.   732
그곳에서는 편히 쉬세요. 남아 있는 우리가 살기 좋은 세
상 만들어넬게요. 미안합니다.

이제부터라도 인간답게 삽시다. 여성 혐오와 차별이 없는   731
곳은 없습니다. 인정하고 여성과 남성이 피해자와 가해자
에서 벗어나야 합니다. 우리는 좀더 나아질 수 있습니다.
삼가 고인의 명복을 빕니다.

여자라서 죽였고 여자라서 죽었습니다.   730
여성 혐오를 멈춰주세요.

729   죄 없는 여성의 죽음.

다시는 이런 일이 없었으면 합니다.

하늘에서 편히 쉬세요.

728   우연히 살아남았다.

나의 이야기가 될 일이었다.

727   언니가 힘껏 싸워서 꼭 이길게.

좋은 데로 가.

726   알지 못하면 알려는 노력을 좀 하세요. 한 사회에 살면서

밤에 늦게 들어가는 것, 술 먹는 것, 부모님께 연락하는 것

을 걱정해야 하는 많은 사람이 있는 것은 정상적인 사회

가 아닙니다.

725   당신은 이렇게 일찍,

이런 식으로 애도받아서는 안 되는 사람입니다.

너무 미안합니다.

724   삼가 고인의 명복을 빕니다.

아직… 갈 길이 머네요.

한숨만 쉬고 있지 않을 겁니다.   723

고인의 명복을 빌며 계속계속 지켜보고 외칠 겁니다.

언니, 미안해요….   722

다시는 이런 일이 일어나지 않도록 노력하겠습니다.

잠재적 살인마 취급의 기분 나쁜 여성이란 이유로 죽을지   721

도 모르는 두려움….

그곳에서는 고통 없이 행복하세요.   720

삼가 고인의 명복을 빕니다.

저는 운 좋게 살아남은 잠재적 피해자이지만 어제도 남녀   719

공용 화장실을 썼고 새벽에 택시를 탔습니다. 솔직히 너무

무서워요. 근데 억울해요. 화가 나요. 뭔가 단단히 잘못됐

어요. 그래서 저는 이제 행동하려 합니다. 같이 비상식을

비상식이라고 외쳤으면 해요. (25세녀)

당신이 화장실에 들어가기 직전 한 시간 동안 그곳에 들   718

어간 6명은 '남자라서', 그때 다른 곳에 있던 35억 명의 여

자들은 '운이 좋아서' #살아남았다.

717   삼가 고인의 명복을 빕니다.

716   안녕? 나는 너와 동갑인 한 남학생인데, 너무 안타까운 소
       식을 듣고 이 자리에 와서 글을 쓰게 되네. 뭐라 해줄 말은
       없지만… 좋은 곳으로 가기를 바라고, 주변 사람들이 너무
       시끄럽지만 중요한 건 너에게는 너의 소중한 사람에겐 큰
       아픔이란 걸 기억할게.

715   남자들은 한 번이라도 집에 들어갈 때 늦게 술 먹고 들어
       오고 택시 타고 들어오고 밤에 노래방을 가고 그런 것들
       에서 생명의 위협을 느낀 적이 있나? 강력범죄 피해자의
       95%가 여성인 이 사회에서 여성 혐오 범죄를 여성 혐오라
       부르지 못할 이유는 무엇인가? 같은 남자로서 문제적 사
       상을 가진 남자들에게 한 번이라도 목소리를 내어 그들이
       잘못되었다는 것을 지적한 적이 있는가? 사회 전반에 물
       들어 있는 이 여혐을 그치기 위해 싸우지 않을 수 없다. 일
       반화라고 빽빽거리지 말고 입장을 바꿔 생각을 해봐라.

714   진작에 이랬어야 하는 일인데 아무것도 하지 않아서 죄송
       합니다. 지금까지 여자라서 죽는 사람을 수없이 봤는데도
       안타깝단 생각 외에 아무런 행동도 하지 않았습니다.

삼가 고인의 명복을 빕니다. 제 2, 3의 피해자가 나타나지 713
않도록 사회를 바꾸도록 노력하겠습니다.

널 위해 할 수 있는 게 이것밖에 없어서 미안해. 712
나만, 우리만 살아서 미안해….

발길이 떨어지질 않네요. 711
딸아이와 함께 슬픔을 나누고 싶어 왔어요.

이젠 이런 일이 없었으면 좋겠어요. 710

무슨 말을 써야할지 몰라 한참을 서 있었습니다. 그날 화 709
장실을 다녀간 사람은 남자 6명이 더 있었다고 합니다. 화
장실에서 처음 들어온 첫 번째 여성이 살해되었습니다. 어
떤 이들은 정신병자의 짓이라고만 합니다. 그 '정신병자'
는 왜 6명의 남자는 그냥 보냈을까? 왜일까요? 처음부터
여성을 살해할 목적으로, 끝내 여성을 살해했습니다. 이것
이 팩트입니다.

불법 업소와 손잡는 경찰, 708
힘없는 여자 괴롭히는 남자.

707   언젠가는 모든 사람들이 너무나 '당연하게' 당신을 애도하고 가해자를 증오하는 그런 사회가 되길 바랍니다.

706   다시는 이런 일이 없도록 우리가 힘을 내겠습니다.
미안합니다, 지켜주지 못해.

705   여성이어서 살해당한 여성을 애도하는 여성들에게 추모는 이래야 한다느니 이래서는 안 된다느니 여기에서까지 맨스플레인 하시는 남성 여러분, 댁들이 대체 뭔데? 주제 파악하시길.

704   저는 대한민국이라는 나라에 '여자'로 태어났습니다. 17일 오전 1시 저는 기숙사에 있었고 당신은 노래방 화장실에 있었을 뿐인데 저는 이 세상에, 당신은 다른 곳에 그것도 아주 먼 곳에 있게 되었네요. 저는 왜 당신이 죽어야 했는지 아무리 생각해도 모르겠습니다. 언제부터 여자라는 이유로 그런 수많은 것들을 견디어야 했는지 모르겠습니다. 단지 지금은 당신이 그곳에서 행복하기를 바랄 뿐입니다.

703   여자가 조심하라구요?
남자는 여자를 죽여도 되나요? #강남살인남

"남혐과 여혐이 모두 사라져야 한다."   702
아닙니다. 문제의 본질을 생각해보세요.

여자라는 이유로 생존 자체가 힘든 게 우리나라의 현실입   701
니다. 이번 일이 정말 묻지마 살인으로 볼 수 있는 일일까
요? 남자들을 일반화하면 안 되니까, 여성 혐오에서 비롯
된 사건이라고 하면 안 되는 걸까요? 이번 사건의 의미와
여성분이 살해당한 이유가 무엇인지 조금이라도 생각해
보신다면 답이 나올 겁니다. 삼가 고인의 명복을 빕니다.

갈수록 무서워지는 대한민국.   700
우리 모두 피해자.

삼가 고인의 명복을 빕니다.   699
당연히 살아남았어야 할 당신께.

정책적 함의가 있는 사건입니다. 여성 안보를 위한 한국의   698
사회적, 정치적 인식이 높아지기를 빕니다.

더 이상 여자라는 이유로 피해를 받는 일은 없어야 합니   697
다. 삼가 고인의 명복을 빕니다.

696 이런 상황이 다시는 반복되지 않았으면 좋겠습니다. 그때
는, 아마 몇십 년 후에는 여자라서 이렇게 되는 일이 다시
는 없었으면 좋겠습니다.

695 #살아남았다.
오늘도 이런 시선들 가운데 나는 살아남았습니다.

694 언니도 꿈이 있잖아. 있었잖아.

693 여성, 남성 모두에게 안전한 사회가 되었으면 좋겠습니다.
삼가 고인의 명복을 빕니다.

692 저는 추모를 와서까지 마스크를 썼습니다. 무서워서요. 추
모를 하면서도 두려워해야 한다는 것이 저를 비참하게 만
듭니다.

691 칼끝이 향한 곳이 분명한데
어떻게 눈먼 칼이라고 부를 수 있을까요.

690 저는 그때 집에 있었기 때문에 살았습니다.
삼가 고인의 명복을 빕니다.

늦은 시간에 돌아다니지 말라고 하지 마세요.   689
늦게 돌아다니는 사람은 죄가 없어요.

당신이 보호받지 못한 이유는 한국이 치안 책임을 방기했   688
기 때문이며, 당신의 책임은 없어요. 당신 탓이었다 말하
는 사람들과 싸울게요. 당신을 기억할게요. 미안해요.

앞으로 살아가야 할 우리들이 반성하고 지켜가자~ 모두   687
행복하게…. 삼가 고인의 명복을 빕니다.

이래도 내가 '프로불편러'입니까?   686

나는 오늘도 우연히 죽을지 모른다.   685

삼가 고인의 명복을 빕니다.   684
저도 잠재적 가해자임을 잊지 않겠습니다.

어떡해야 살고 싶다는 말들이 싸우자는 말로 들리는 걸까.   683

추모하기 위해 죽지 않고 살아남아 이곳에 왔습니다.   682
삼가 고인의 명복을 빕니다.

681 어떤 글을 적어야 할지 너무나도 먹먹합니다.

삼가 고인의 명복을 빕니다.

부디 그곳에선 두려움도 고통도 없으시길.

680 고인의 명복을 빕니다.

여성 혐오 범죄를 뿌리 뽑아야 합니다.

679 이것은 '페미사이드'입니다!

삼가 고인의 명복을 빕니다.

678 안녕하세요. 16살 여중생입니다. 저는 범죄를 당한 적이

있습니다. 그 범죄가 살인이 아닌 도촬이라서 #살아남았

습니다. 국가에게서 보호받고 싶습니다. 언니, 잊지 않을

게요. 그곳에서 편히 쉬세요. 우리는 남아서 우리가 할 일

을 하겠습니다.

677 만연한 여혐 앞에 죽음으로 몰리는 여자….

676 삼가 고인의 명복을 빕니다.

꽃다운 나이에 '여자'라는 이유로

묻지마 살인을 당한 '당신' 편히 쉬세요.

단순히 정신병자의 범행이라고 보기에는 문제가 있습니 675
다. 6명의 남성을 뒤로한 채 7번째 여성을 살해했습니다.
여성 혐오가 아니라면 이것을 무엇으로 설명하겠습니까?

지금 여기가 사람 사는 곳인지 궁금합니다. 674

고인의 명복을 빕니다. 673
여성 혐오적인 생각 없어졌으면 좋겠습니다.

No more femicide. It's 2016! 672

오늘도 왔지만, 난 아직 살아 있지만, 이틀 사이 여자 피해 671
자 또 생겼더라. 너무 살아남기가 힘드네. 화장실도 무서
워서 못 가겠어.

죄송합니다. 670
살아남은 제가 조금의 변화라도 만들어가겠습니다.
죄송합니다.

운이 좋아서 살아남았습니다. 669
삼가 고인의 명복을 빕니다.

668 당신의 꿈은 뭐였어요? 왜 언론은 가해자의 꿈만 말하고 있나요? 왜 당신이 아닌 가해자의 미래만 안타까워해요? 왜 여자라서 죽어야 해요? 우리가 뭔가 잘못한 게 있어요? 그 사람이 잘못한 게 있다면 '여자'로 태어나 '그 장소'에 첨으로 들어간 거겠죠.

667 미안해요. 너무 늦게 왔죠.
더 나은 세상을 보여주지 못해서 미안해요.

666 내 안의 차별적 사고를 늘 경계하겠습니다. 눈앞에서 벌어지는 여혐의 언행을 더 이상 용납하지 않겠습니다. 더 이상 이런 억울한 일이 없기를 바랍니다. 삼가 고인의 명복을 빕니다. 부디 평화로우시기를.

665 같은 여성으로서 분노를 느낍니다.
삼가 조의를 표합니다.

664 다시는 없을 그날이기를 바랍니다!

663 나는 초등학생 때부터 여자란 이유로 수많은 경고를 받고 살았습니다. 언제쯤이면 편하게 숨쉴 수 있을까요?

내가 '여자'라서 조심해야 하는 세상에선 살고 싶지 않습 662
니다. 고인의 명복을 빕니다.

남성분들! 여러분은 우연히 살아남은 여자의 남자친구, 661
남편, 오빠, 동생, 아들, 아빠입니다. 계단에서 오열하던 그
남자가 당신이었을 수도 있었어요.

내가 살해당했다면 660
네가 이 자리 이곳에 와주었겠지.

모든 남자가 범죄를 저지르는 것은 아닙니다. 하지만 모든 659
여자들은 오늘도 자신이 범죄의 대상이 될까 두려움에 살
아갑니다.

여성을 상대로 한 범죄의 법과 처벌이 너무 약한 헬조선. 658
선진국 미국처럼 처벌을 강화하라!

우리 모두 똑같은 '인간'입니다. 657

'여자여서'라는 말이 없는 세상을 위해 노력하겠습니다. 656
삼가 고인의 명복을 빕니다.

655 무슨 말을 어떻게 시작해야 할지 모르겠습니다. 펜을 잡는 순간 눈물부터 납니다. 왜 당신이 죽어야 했는지 왜 우리가 분노하고 불안에 떨어야 하는지. 이유는 여자이기 때문이겠죠. 지금도 나는 내 스스로를 검열하는 거 같고 말 한 자 한 자를 적는 것이 쉽지 않습니다. 하고 싶은 말이 많았는데… 고인의 명복을 빕니다.

654 당신의 잘못은 어떤 것도 없습니다.
명복을 빕니다.

653 삼가 고인의 명복을 빕니다.
저는 우연히 살아남은 여성입니다.
이런 사회는 변해야 합니다.

652 그만 좀 죽여.

651 남자라서 미안하고 죄송합니다.
여자를 미워하는 많은 남자들에게
미워하지 말고 제대로 살라고 말하겠습니다.

650 여성 혐오에 목소리를 내겠습니다.

우리는 당연하다라는 단어가 잊혀질 정도로 당연해야 하 649
는 사회에 살아야 했을 텐데. 그게 '당연'한 것이었을 텐
데. 이것은 당연한 사회가, 나라가 아니에요.

당신의 죽음이 헛되이 되지 않도록 노력하겠습니다. 648
삼가 고인의 명복을 빕니다.

나의 침묵과 무관심을 반성합니다. 647

그런데 애초에 태어난 이 순간부터 헛된 꿈이었네요. 646

삼가 고인의 명복을 빕니다. 645
유가족, 남자친구분 힘내세요. 이 말밖에 할 수가 없네요.
다시 한 번 고인의 명복을 빕니다.

여성 혐오를 멈춰주세요. 644

여성들이 무시해서 여혐이라고요? 여성들에게 강제적인 643
명령을 하다가 거절당한 것을 무시로 인식한 건 아닌가
요? 여성들도 거절할 수 있는 권리가 있습니다. 거절은 무
시가 아닙니다.

642 No More Mysogyny.

641 라면을 사기 위해 남자친구와 편의점으로 향하던 바로 그 새벽이었습니다. 치안 환경이 확률의 문제라지만, 항상 밤 길을 경계하는 잠재적 피해자의 입장에선 전혀 그렇지 않 다는 얘기를 나누던 밤이었습니다. 여성 혐오와 그에서 비 롯되는 증오 범죄 모두 멈추기를 간절히 바랍니다.

640 더 이상 참지 않겠습니다.

639 편한 데 가서 쉬세요.
   항상 당신을 생각할게요.

638 여자이기 때문에….
   어떻게 더 설명하나요?

637 침묵하지 않겠습니다. 남성이라서 안전했음에 만족하지 않고 모두가 안전한 사회를 만들기 위해 침묵하지 않겠습 니다. 편히 잠드소서.

636 삼가 고인의 명복을 빕니다.

나 역시 두려워하고 침묵함으로써 당신을 죽음으로 몰아 635
넣은 이 문화에 책임이 있습니다.

R.I.P. 좋은 곳으로 가셨길. 634

묻지마 살인 아닙니다. 여성 혐오 범죄입니다. 633
여성이 무시했다는 피해망상, 그게 바로 여성 혐오.

문제는 남녀 공용 화장실이 아닙니다. 여성에 대한 차별과 632
폭력을 멈춰주세요. 1) 언론사들은 성범죄 및 폭력 피해
여성들을 타자화하고 혐오를 조장하는 비윤리적인 보도
관행을 중단하세요. 여성 대상 강력범죄와 성폭행 보도준
칙을 제정하고 이행하세요. 2) 교육부는 기존의 여성 차별
적인 성교육 방침을 반성, 철회하고 성에 대한 올바른 관
점과 존중을 가르칠 수 있는 성교육 교재를 제작, 배포하
세요. 3) 차별금지법을 제정하고 증오 범죄(hate crime)에
대한 형사적 명문화 처벌 규정을 도입해주세요!

저는 살아남았습니다. 하지만 언제까지 계속 살아남을 수 631
있을까요. 하루하루 살아남음에 위안을 얻는 제 모습에 눈
물이 납니다. 사랑해요. 잊지 않을게요.

630   그래요. 남자는 잠재적 범죄자가 아니고 그런 취급 한 적
도 없어요. 실제로 사람들이 당신들을 잠재적 범죄자 취
급했으면 또 몰라요. 그렇지만 '날 지켜야겠다'는 생각으
로 날 보호하며 당신을 온전히 신뢰하지 못하는 게 잠재
적 범죄자로 보는 것이라고 생각한다면 어이가 없을 수밖
에 없습니다. 생판 남을 경계하지 않고 날 해치지 않을 것
이라 어떻게 믿을 수가 있습니까. 이건 범죄자 타령이 아
니라 인간관계에서의 최소한의 방어기제예요. 혼자 오해
하는 거 제발 그만둬주세요.

629   죄송합니다.

628   좋은 곳 가시길 바랍니다. (예비 경찰 올림)

627   여성 혐오를 멈추세요.

626   무엇이 두려워서 마스크를 써야 하나? 몰카 찍는 사람이
죄인이지 그냥 걸어다니는 사람이리? 두려워하지 말고 움
츠리지 말고, Be women! ACT ACT ACT. Rest in Peace.

625   다음 생에는 안전한 나라에서 다시 만나자.

분노하겠습니다. 624
그리고 꼭 바꾸겠습니다.

죽음과 공포를 조롱하지 맙시다. 623
같은 남성으로서 부끄럽습니다.
부디 좋은 곳으로 가시길 빕니다.

조심히 들어가. 622
도착하면 꼭 연락하고.

고인의 명복을 빕니다. 나는 당신을 구하지 못했습니다. 621
어쩌면 나는 나 자신도 여성 혐오와 여성 혐오 살인으로
부터 구하지 못할 수 있습니다. 하지만 여성이 '여성'이라
는 이유로 차별받거나 살해당하지 않는 세상을 쟁취하기
위해 나는 오늘도, 내일도 연대하고 맞설 것입니다. 분명
나와 우리는, 미래의 당신과 우리를 구하고 말 것입니다.

나는 남자입니다. 그래서 미안합니다. 이 세상에 아직 남 620
은 수많은 '당신'이 두려워하지도, 혐오하지도 않고 행복
하게 살아갈 수 있는 세상을 만들기 위해 조금 더 노력하
겠습니다.

619　꽉 막힌 가슴에 발걸음이 떨어지지 않아서… 단지 여기에 서성이는 것 말고 해줄 수 있는 게 없어서… 미안합니다. 이제부터 바꾸겠습니다. 한 걸음씩 나아가면 좋아질 거라고 믿을 수밖에 없겠지요. 편히 쉬세요. 이젠 더 아프지 말고.

618　살인남.

617　그 순간 얼마나 겁이 났고 5분 전까지 같이 있던 남자친구가 얼마나 보고 싶었나요. 당신이 걸을 꽃길을 저희가 지켜드리지 못해 안타깝고 또 안타깝습니다.

616　얼마나, 어떻게 더 조심해야 하죠?

615　17일 새벽 1시 나는 아침에 일어나 어떤 하루를 보낼까 하는 생각을 하며 하루를 마무리하고 있었다. 내가 그곳에 있었다면 나에게도 일어날 수 있는 일이었고. 나는 단순히 우연히 그리고 운이 좋아서 살아남았다. "조심히 들어가, 꼭 연락해"가 일상 대화가 돼버린 것에 대해 왜 의문을 가지지 않았을까. 이 세상이 여성이 마음 놓고 다닐 수 있도록 변화했으면 합니다. (24세의 운이 좋았던 여자)

단순한 개인 문제가 아닙니다. 여성 살인을 미친놈의 소행 614
으로 몰고, 남녀 차별을 조장하려 한다는 당신의 이론이
여혐입니다. 참고로 저는 남자입니다.

나는 잠재적 가해자입니다. 잊지 말아주세요. 이 글을 읽 613
는 남성 여러분, 우리는 잠재적 가해자이며, 여혐으로 만
연한 이 사회 속에서 언제든지 가해자가 될 수 있고 이미
많은 가해를 해왔습니다. 잠재적 가해자인 우리 자신을 직
시하지 못하면 우리는 정말로 가해자가 되어버리는 것입
니다.

어떻게 생각하는 게 그것밖에 안 되십니까. 자신의 힘에 612
대항할 수 없는 여성을 상대로 범행을 저질렀다는 것 자
체가 여성 혐오입니다.

또 왔어요. 611
조심하지 않으려고요.
조심하게 만들려고요.

이 땅에서 얼마나 더 많은 여성이 죽어야 '혐오'가 사라질 610
까. 얼마나 더 죽어야 이 '광기'가 멈출까.

609 미안하다고 말하고 싶어요. 우리나라가 참 이상하죠. 왜
     이런 일이 일어나야만 사람들이 깨어날까요. 저는 왜 그중
     한 명일까요. 왜 여성 혐오에 대한 희생자가 생겨나야 했
     을까요. 남아 있는 사람들이 간절히 바라면 이루어질까요.
     이런 일이 일어나지 않는 세상이 오는 것.

608 미안해요, 지켜주지 못해서.

607 집에 가는 길에 또 들렀어요. 사실 지하철을 타면 이쪽으
     로 올 일은 없지만 자꾸 들르게 됩니다. 이제 인생을 즐기
     려는데 그걸 빼앗긴 것이 너무나 안타까워서. 더 이상 같
     은 이유로 죽는 사람이 생기지 않았으면 해서. 내 작은 마
     음을 보내러 옵니다.

606 언제까지 여성 스스로 조심하라고 할 건가요?
     이제는 남자가 여성을 때리고 죽이고 강간하면 안 된다고
     교육을 할 때입니다.

605 추모의 목적은 고인에게 애도를 표하는 것.
     남혐과 여혐이 나온 순간 추모가 아닌 사건이다.
     삼가 고인의 명복을 빕니다.

여성 혐오에 동조하지 마세요.　　　　　　　　　　604
그들을 엄단 처벌해야 합니다.

잠재적 범죄자가 되기 싫으시다면 목소리를 내세요. 누군　603
가에게 보호받아야 하는, 늘 조심하라는 말을 들으며 이곳
에 살고 싶지는 않습니다.

여자로 태어났다는 이유만으로 비교되고 외모 지적을 받　602
고 몸매 평가를 받고 같잖은 희생을 강요당하는 세상에서
'여자'로 태어났다는 이유로 죽고 싶지 않아요.

친구야, 피지 못한 너의 꿈. '여자라서 죽임 당하지 않는'　601
다음 생애에서 활짝 피우길 바랄게.

미안합니다. 반성합니다.　　　　　　　　　　　600
저부터 세상을 바꾸겠습니다. (남자 아저씨)

억압받는 이가 설 수 있는 자리를 보인 게 아니라 여자라　599
서잖아요. 삼가 고인의 명복을 빕니다.

화장실에 갈 때도 공포에 떨어야 하는 나라.　　　598

597 이번 사건을 개인의 문제로 단정 짓는 것은 문제를 더 키우는 것밖에 안 된다. 이번 일은 본질이 아니라 단지 수많은 여혐의 현상 중 하나다.

596 살아남았습니다. 살아남을 것입니다. 살아남읍시다.
살아갈 수 있도록. '생존'이 아니라 '생활'할 수 있도록.

595 당신 같은 사람이 더는 없도록
내 옆의 사람들부터 바꿔나갈 거예요.

594 To. 강남역 살인범
그거 아냐? 너를 태어나게 해주신 어머니도 여자란 사실을? 천벌 받을 거야, 너는.

593 다음 생애에도 여자로 태어나자.
그땐 세상이 바뀌어 있을 수 있도록 행동할게. #살아남았다

592 오늘은 5월 21일이다. 나는 아직도 너의 꿈을 모른다. 네가 없다는 사실을 슬퍼하기에 앞서, 온전히 슬퍼할 수 있기에 앞서, 너의 죽음을 하찮게 여기는 사람들에게 분노해야 하는 현실이 슬프다.

삼가 고인의 명복을 빕니다. 당신이 떠난 그날부터 많은 591
사람이 당신을 그리워하고 있어요. 부디 그곳에서는 평안
하세요. 당신이 잘못한 것은 하나도 없어요.

내가 스물둘 때 편의점에서 술 취한 남자가 엉덩이를 만 590
졌다. 스물셋 때는 생일날 골목에서 바지 내린 변태를 만
났다. 지금은 열일곱 여자애들이 춤추는 걸 보며 추임새
넣고 박수 치며 즐기는 학생 부장과 일한다. 갑자기 그런
생각이 든다. 내가 그 숱한 추행의 순간에 한 번이라도 무
서워 숨죽이지 않고 소리를 질렀다면 그녀는 죽지 않아도
됐을까. 언제 다시 그녀가 될지 모르는 내 사랑하는 학생
들이 적어도 나보단 안전하게 살 수 있지 않을까. 나는 더
이상 침묵하지 않을 것이다.

늦게 와서 미안해요. 589

삼가 고인의 명복을 빕니다. 잊혀지지 않도록 기억하겠습 588
니다. (오늘도 운 좋게 살아남은 여자)

"죽이지 마라." 587
이 외침을 '일반화'라 하지 마세요.

586 매일을 두려움에 떨며 살아야 하는 고국으로 돌아가길 거
부합니다. 오늘도 우연히 살아남은 수많은 나에게 애도를
표합니다. (타국에서)

585 나는 여전히 알고 싶다.
네 꿈은 뭐였니?

584 저는 여행을 다녀와 살아남았습니다.
운이 좋게 살아남은 것입니다.
얼마나 더 조심해야 하는 건가요?

583 나는 아직도 당신이 왜 고인이 되어야만 했는지 알 수가
없습니다. '묻지마'가 왜 하필 젊은 여성에게만 이토록 자
주 발생하는지 누구 알려주실 분?!

582 살아남고 싶은 게 아니라, 잘 살고 싶어요.

581 여혐은 지능 문제.

580 아직 학생이어서 해줄 수 있는 게 없어 미안합니다.
살女주세요.

여자라는 이유로 죽임 당하는 일이 다시는 일어나지 않길   579
바랍니다. 간절히….

오늘 또 왔어요. 사흘이 지나도 나흘이 지나도 계속해서   578
화가 나고 공포스러운데 당신은 얼마나 무서웠을까요. 아
직 그려보지도 못한 꿈, 가족, 친구들, 이런 것들이 주마등
처럼 스쳐 지나간 그 순간 얼마나 무서웠을까요. 단지 운
이 좋아서 살아남은 것뿐인 오늘도 너무나 미안합니다. 친
구랑 웃고 떠들고 맛있는 거 먹고 운동하고 차갑게 죽어
간 당신에게 해줄 수 있는 게 단지 운 좋아서 하루를 살아
남아 누리고 밤에 여기 온 것이어서 너무 미안합니다. 잊
지 않겠습니다. 당신의 희생이 헛되지 않게….

다음 생에 여자로 태어나도 괜찮을 수 있도록 싸우면서   577
살아가겠습니다. 될 때까지 할 거예요. 잊지 않겠습니다.

뉴스만 보고 그냥 생각한 제 자신이 부끄럽습니다. 이건   576
이 사건뿐만 아니라 사회적 문제입니다. 해결할 수 있도록
끊임없는 관심과 노력을 기울이겠습니다.

안녕, 행복해줘.   575

574 여자친구에게 "너는 조심해"라고 하는 내가 너무 미웠다.
#여성혐오범죄

573 삼가 고인의 명복을 빕니다.
어린 나이 이뤄지지 못한 꿈 다음 생에 꼭 함께 만들어요.

572 여자의 적은 여자가 아닌 남자다.

571 믿기 어려우시겠지만 놀랍게도 여성은 살아 있는 자위 기구가 아닌 살아 있는 사람입니다. 품평하지 마세요. 희롱하지 마세요. 강간하거나 훔쳐보지도 마세요. 살인하지 마세요.

570 부디 좋은 곳으로 가시길. 너무나 억울하겠지만 너무나 고통스럽겠지만 너무나 원망스럽겠지만 그래도 좋은 곳으로 가시길.

569 내가 여성이었다는 이유만으로 조심하며 살아야 할 일이 앞으로 얼마나 더 많을지 모르겠습니다. 입고 싶은 옷을 입고, 만나고 싶은 사람을 만나고, 하고 싶은 말을 해도 강간, 살인당하지 않고 싶어요.

삼가 고인의 명복을 빕니다. 568
그곳에서 행복하셔야 돼요.
오늘도 많은 사람들이 다녀갑니다.

당신은 나고, 여기 모여 있는 여성들입니다. 567
살아남은 것에 죄책감을 느낍니다.
세상을 바꾸도록 노력할게요.

당신이 안타깝습니다. 566
이 불평등한 세상에서 저는 운 좋게 살아남았습니다.
삼가 고인의 명복을 빕니다.

침묵도 동조다. 565
증오 범죄, 젠더 권력에 의한 차별과 폭력 없애기 위해
목소리를 냅시다.

미안하고 부끄럽다. 564
영면하소서.

저도 우연히 살아서 이곳에 왔습니다. 563
삼가 고인의 명복을 빕니다.

562 삼가 고인의 명복을 빕니다. 제가 그 화장실에 있지 않았을 이유는 하나도 없었어요. 여태껏 수많은 성추행을 경험해왔습니다. 여기 있는 수많은 포스트잇을 보니 혼자가 아니라는 생각이 듭니다.

561 순수한 추모, 많은 사람들이 말합니다. 그 '순수'가 무지와 방관을 뜻하는 것이라면 기꺼이 순수하지 않은 추모를 하겠습니다. 당신의 죽음을 외면하지 않겠습니다.

560 '오빠가' '남자가' 지켜주는 사회는 필요 없습니다.
여자 혼자여도 안전한 사회가 필요합니다.

559 여자 화장실에서도 여성은 추행, 폭행, 살해당합니다.
화장실의 문제가 아니라 여성 혐오가 문제입니다.
왜곡하지 마세요. #여자라서_죽었다

558 지켜주지 못해서 미안해요. 주변 사람들이 "네 개미 목소리로 세상을 바꿀 수 있냐" 말할 때 주춤했던 스스로에게 반성하고 당신에게 진심으로 미안합니다. 당신을 기억하며 개미 소리든 새소리든 바람 소리든 세상을 향해 내뱉겠습니다.

사실 잘 몰랐습니다. 남자이고 덩치도 크고 운동도 좋아해 557
서 조금 몸도 다부져서 밤 늦게 혼자 돌아다녀도 무섭거
나 위협을 느낀 적이 없었습니다. 하지만… 이 사건 후 많
은 분들의 일상적 경험담을 듣고 제가 무지했다고 생각하
게 됐습니다. 어머니가 누나가 늦게 들어올 때 "마중 나가
줘"란 말이 예전엔 이해가 안 갔었는데 이제야 알 것 같습
니다.

자신이 느낄 수 없다고 해서 없는 일이 되는 것은 아닙니다. 556
삼가 고인의 명복을 빕니다.

아름답고 꽃다운 나이에 떠나간 당신을 우린 항상 기억할 555
것입니다. 그곳에서는 아픔 없이 행복한 일만 가득하셨으
면 좋겠습니다.

이 원한을 반드시 갚겠습니다. 554

남자가 무서워서 또다른 남자가 나를 지켜줘야 하는 거 553
절대! 네버! 원하지 않습니다.

삼가 고인의 명복을 빕니다. 552

551 방조자로서 미안합니다.
방조하지 않겠습니다.
고인의 명복을 빕니다.

550 얼마나 아팠을까. 얼마나 무서웠을까.
여혐 없을 그곳에서 못다 이룬 행복 다 이루길.

549 오늘도 운 좋게 살아남았습니다.
부디 조심히 안전하게 집으로 갈 수 있었으면 좋겠습니다.

548 나랑 나이가 비슷해서 너무 가슴이 아프다.
너도 지금 낮잠을 잤다가 이 거리를 누비고 있을 땐데.
하늘에서 잘 있기를 기도할게!

547 명복을 빕니다.
부디 하늘나라에서는 편안하시기를
간절하게 기도하겠습니다.

546 여성이 존중받지 못하는 세상 속의 남자라서 책임감을 느
낍니다. 더 나은 세상이 될 때까지 늘 기억하고 행동하겠
습니다.

오늘도 왔어요.   545
당신의 죽음을 많은 사람들이 슬퍼하고 있어요.
여성이라고 죽지 않는 사회가 되길.

당신을 사랑하는 사람들이 너무 아프지 않기를… 당신 같   544
은 무고한 희생자가 다신 없기를… 당신도 바라겠지요?
당신의 바람이 이뤄지는 데 힘이 되도록 저도 이 메모와
앞으로의 노력을 보탭니다. 부디 편안히 잠드세요.

여성이 살기 좋은 세상,   543
남은 저희가 꼭 만들어가겠습니다.

삼가 고인의 명복을 빕니다. 어제 오늘 내일, 이름도 얼굴   542
도 모르는 많은 여성분들이 죽고 있습니다. 제발 살女주
세요.

더 무서운 건 "무섭다" "살려달라"는 말조차   541
"내가 듣기 거북하니 입 닫으라" 말하는 당신입니다.

여자로 안 보이려고 머리를 짧게 잘랐다.   540
대체 왜 이래야 하지?

539   이제 고상한 척 침묵만 지키고 있진 않을 거야.
       더 빨리 움직이지 못해서 미안하다 동생아.

538   몇 명의 여자들이 더 죽어나가야 이 사회가 안전해질까요.

537   삼가 고인의 명복을 빕니다. 살아남은 여성으로서 할 말이
       많아 다 못 적겠네요. 살아남아야 하는 세상이 하루빨리
       사라졌으면 하는 마음뿐입니다.

536   다음 생에 '여자'로 태어나도 괜찮을 수 있도록
       싸우면서 살아가겠습니다.
       될 때까지 할 거예요. 잊지 않겠습니다.

535   엄마 뱃속에서부터의 '운'이 좋아 살아남았습니다.
       '운'이 좋아 강간도 안 당했구요. '운' 좋게 살아야죠.

534   미안하다.
       이런 세상인 줄도 모르고 좋다고 살고 있었구나.

533   이 사건의 피해자와 그 가족, 친구분들에게 상처 주는 언
       론 보도는 바뀌어야 합니다.

친구야, 네가 아프지 않게 내가 더 노력할게.　532

우린 우리가 언제라도 잠재적 폭력자가 될 수 있음을 너　531
무 쉽게 잊고 살아왔습니다. 남성으로서 죄송합니다. 잘못
했습니다. 용서를 빕니다. (소수자 남성 E 드림)

고인의 명복을 빕니다. 남자라는 이유로 많은 혜택 받으며　530
현실에 눈을 돌리고 외면해서 죄송합니다. 다시는 슬픈 일
이 일어나지 않게 노력하겠습니다. 다른 사람들의 내일을
지키겠습니다.

살고 싶어요.　529

여성 혐오를 부정하는 눈뜬장님들, 보고 싶은 것만 보고　528
듣고 싶은 것만 듣고. 당신들 눈에는 이게 정상이며, 왜 분
노하는지 이해가 안 되나요? 부끄러운 줄 아시고 모르면
배우세요, 제발! 삼가 고인의 명복을 빕니다.

고인의 명복을 빕니다. 부디 더 이상 괴롭지 않고 좋은 곳　527
으로 가셔서 편안하시길…. 아픔은 모두 이곳에 놓고 가시
기를 진심으로 바랍니다.

526 삼가 고인의 명복을 빕니다. 얼마나 무서웠을까…. 미안합
니다. 평등에 앞장서는 모습으로 못 산 삶까지 열심히 살
겠습니다.

525 좋은 곳으로 가길 빕니다. 무언가 해주지 못해 미안해요.
앞으로라도 이런 일이 일어나지 않게 같은 여성 입장으로
세상에 외칠게요.

524 미안합니다. 미안합니다. 미안합니다.

523 여혐이 생존권까지 위협할 수 있는 거였군요. 운이 안 좋
았다면 당신을 위해 운이 좋았던 제가 이 세상 바꿔나가
겠습니다. 삼가 고인의 명복을 빕니다.

522 늦은 새벽 혼자 걷는 것을 좋아합니다. 새벽에 혼자 걷는
것이 두렵지 않아서 미안합니다. 그것이 큰 특권임을 너무
늦게 알아서 정말 미안합니다. (어느 잠재적 범죄자)

521 처음부터 여성을 혐오하지 않았다면, 무시하지 않았으면
타깃은 여성이 아니었을 수도 있다. 여성이기에 희생당한
것이다.

저는 오늘도 이곳을 지납니다. 여전히 무섭고 화나고 무섭 520
습니다. 얼마나 더 이래야 할까요. 오늘도 살았습니다. 6명
의 남자들은 두고서라니, 너무 떨리고 숨이 막혀요. 편하
게 있어주셨으면.

꽃다운 예쁜 나이에 안타깝게 떠난 당신, 519
많이 억울하겠지만 편히 쉬어요. 미안합니다.

당신의 죽음이 518
보다 나은 사회를 만드는 계기가 되기를 빕니다.

너의 죽음은 곧 나의 죽음이다. 517

ACT against HATE CRIME. 516

미안해요. 515

여성이라는 이유로 차별받을 순 없어요. 514

앞으로는 더 큰 목소리로 외치며 살겠습니다. 513
삼가 고인의 명복을 빕니다.

512 "나는 운이 좋아서 살아남았어요"라고 쓰인 문구를 보고, 나에게 있을 수도 있었던 일이란 생각에 마음이 너무 무거웠습니다. 부디 하늘나라에선 무섭지 않고 아프지 않게 계시길 바랄게요. 미안합니다. 지켜드리지 못해서….

511 삼가 고인의 명복을 빕니다. 더 이상 여성분들이 밤 늦게 다녀도, 짧은 치마를 입어도 걱정하지 않을 수 있었으면 좋겠습니다.

510 유족들의 슬픔을 함께합니다. 더불어 여성이기 때문에 시해를 당한 여성들과 그들의 가족들의 슬픔과 고통을 함께합니다. 삼가 조상합니다.

509 우리는 더 이상 더 조심할 수 없습니다.

508 삼가 고인의 명복을 빕니다.
우리는 우연히 살아남은 여성입니다.

507 삼가 고인의 명복을 빕니다. 사람의 생명 앞에 어떤 이유든 원인이 있어서는 안 됩니다. 정신분열이라도 죗값 톡톡히 치르게 해주세요.

같은 여자로서 운 좋게 살아남아 너무 죄송합니다. 506
삼가 고인의 명복을 빕니다.

그동안 강남역 부근 화장실에서는 몰카만 걱정했는데 이 505
젠 그 이상이고 널 위한 포스트잇 하나 붙이는데도 카메
라를 걱정하는 내 모습이 너무 초라하고 미안해. 거기서
지켜봐줘.

"차별하지 마세요"라고 말하고 싶은데 504
"죽이지 마세요"부터 시작해야 하는 현실.

상처가 있지도 않은 남혐이 여혐이랑 같다 하시는 남성분 503
들, 한 번만 다시 생각해보세요. 남혐 때문에 자신의 생명
에 실질적인 위협을 느낀 적이 있는지. 전혀 같지 않습니
다. 여성 혐오는 여성을 죽였습니다. 수도 없는 여성을 죽
여온 실질적 위협입니다. 이 위협을 우리 모두가 없애갔으
면 합니다. 삼가 고인의 명복을 빕니다.

나는 남자다. 남자들아, 일반화당한다고 징징대지 말고 일 502
단 고인을 추모하자. 그리고 각자 할 일을 찾아보자. 삼가
고인의 명복을 빕니다.

501   언니가 미안해….

이런 일이 생기기 전에 앞장서 바꾸지 못해 미안해.

삼가 고인의 명복을 빕니다.

500   너는 나고 나는 너다. 너는 꽃이 된 아이였을까, 나비가 된

아이였을까. 말이 안 되는 일이지만 실제로 일어났다. 사

실 자잘자잘하게 일어나고 있었다. 왜 나는 살인당하지 않

고 성추행당한 거에 안심할까. 여자가 안전하게 살 수 있

게 해주세요.

499   저는 잠재적 가해자입니다.

그래서 더욱 여성의 목소리에 귀 기울이고 배우겠습니다.

삼가 고인의 명복을 빕니다. (한국 남성)

498   삼가 고인의 명복을 빕니다.

여자라서 단 한 번이라도 행복해봤으면 좋겠다.

많은 사람들이 보고 느끼길.

497   내가 더 공부하고 더욱 강해져서

다른 여자들도 모두 안전하게 살 수 있는 세상을 만들게요.

그곳에선 편안하세요.

생존 아닌 삶을 달라.   496

저는 성폭력 생존자입니다. 무수한 살해 협박과 염산 테러   495
협박, 수십 차례의 강간과 신체적 폭력을 당하고도 살아남
았습니다. 그럼에도 살아남았다는 게 죄스럽습니다. 당신
과 나와 같은 사람들이 더 이상 생기지 않기를 바라고 또
바라고 말로 다할 수 없이 바꿈에도 이렇게 무능하다는
것이 죄스럽습니다. 모두에게 진심으로 호소합니다. 알려
지지 않은 여성 살해가 너무도 많이 일어나고 있다는 것,
생존자들은 아무 잘못이 없음에도 "니가 처신을 잘 못해
서" "감히 밤 늦게 돌아다녀서" "네가 정신병자를 상대해
준 게 잘못이어서" "네가 만만해보이니까 그렇지" 무수한
2차 가해를 당하며 숨죽이고 있습니다. 도와주십시오. 여
성 살해를 막는 가장 빠른 방법은 성폭력 범죄자, 여성 살
해 범죄자들의 정신과적 처방이 아니라 연대입니다! 삼가
고인의 명복을 빕니다. STOP MISOGYNY!

여혐 남혐 하지 말고 사이좋게 지내자.   494

다음 생에는 더 나은 사회에서 꿈을 펴는 아름다운 당신   493
이 있길. 삼가 고인의 명복을 빕니다.

492   단지 내가 여자라는 이유만으로 두려움에 떨지 않아도 되는, 동등한 사람 취급을 받을 수 있는 그런 세상. 많은 것을 요구하지 않아요. 우리 모두 생각을 조금씩만 바꿔봅시다. 여러분 한 분 한 분이 세상을 바꿉니다.

491   나는 아직 살아 있습니다. 이 무서운 세상에서 단지 여자란 이유로 공포와 불안에 떨며 살아가고 있습니다. 네, 운이 좋죠. 내일의 희생자가 '내'가 될지도 모를 이곳에서 나는 살아갑니다.

490   왜 죄 없는 사람을 어떤 권리로 죽였는지.
피해자분의 명복을 빌어요.
제발 가해자 천벌 받으세요, 제발.

489   삼가 고인의 명복을 빕니다.
제대로 피워보지도 못하고 꺾여진 꽃이여⋯.
부디 천국에서 만개하여 아름다운 꽃길만 걷기를 바랍니다.

488   이 거리를 수백 수천 번도 더 지나다녔는데
오늘만큼은 마음이 너무 착참하다.
언니가 미안해.

이것은 명백한 여성을 향한 테러다! 487

여기에 오는 데에 나는 용기가 필요했다. 486
삼가 고인의 명복을 빕니다.

살아 있는 여성 모두가 '생존자'인 사회를 원치 않습니다. 485
이곳에 오기까지도 너무 무서웠어요. 누군가 나를 때리고
해코지할까봐. 나의 이 불안은 피해망상이 아니라 내가 겪
었고 듣고 본 것에서 비롯됐음을 알아줘요. 삼가 고인의
명복을 빕니다.

그곳에선 찬란하고 아름답기를. 484

여자라서 죽어야 하는 사회에 살게 해서 미안합니다. 483
더 나은 사회가 되도록 힘쓸게요.
삼가 고인의 명복을 빕니다.

얼마나 많은 여자들이 사라져야 혐오를 멈출 건가요? 482

삼가 고인의 명복을 빕니다. 481
진심으로 기도합니다.

480   이것은 여성에 대한 또다른 '홀로코스트'다.

479   여혐 남혐 없는 양성 평등한 한국에서 살고 싶다.

478   삼가 고인의 명복을 빕니다.
       더 이상 이런 일이 발생하지 않기를 바랍니다.
       가슴이 아픕니다.

477   여혐을 이야기하기 시작하면 남혐도 따라옵니다.

476   항상 들었던 말.
       "여자니까 조심해라."
       피해자만 조심해서 살아야 하는 이 사회가 싫다.

475   이곳은 마치 모든 한국 여자를 위한 하나의 묘지 같군요.
       삼가 고인의 명복을 빕니다.

474   이곳에서 흘린 눈물이 헛되지 않길.

473   여성이 이 땅에서 당당하게 살 수 있게
       저부터 노력하겠습니다. (韓男)

미안합니다. 응원합니다. 잊지 않겠습니다.   472

피해자님, 피의자 사형을 부탁드립니다. 그리고 하늘나라   471
에서 편히 쉬시고 건강하세요. (2016년 5월 21일 토요일)

돌아가신 분을 기리기 위해 만들어진 이 자리에서 많은   470
일들이 시작되고 있습니다. 돌아가신 분과 같은 일을 당하
는 사람이 더 이상 나타나지 않을 수 있다면, 그를 위한 첫
걸음으로 이 일은 많은 의미를 가지리라고 생각합니다. 그
러나 이미 돌아가신 그분은 어쩌나요. 우리는 왜 좀더 일
찍 막을 수 없었나요. 더 일찍 목소리 내지 않아서 미안합
니다. 더 열심히 싸우지 않아 미안합니다. 함께 살아남지
못해서 너무나 아깝습니다. 당신이 살아갔어야 할 인생은
얼마나 좋은 일들이 많았을까요. 이 자리에 함께할 수 없
어서 안타깝고 슬픕니다.

앞의 6명의 남자 대신 그녀가 죽어야 했던 이유는 단지   469
'여성'이기 때문이었습니다. 이것은 단지 그 범죄자의 문
제가 아닙니다. 이제는 인정합시다. 우리는 여성 혐오적
사회에 살고 있음을. '모두'가 안전한 사회가 되기 위해 노
력합시다. 고인의 명복을 빕니다.

468 오빠가 지켜주는 사회 필요 없고요.
물론 오빠도 필요 없음.

467 한낱 여대생의 죽음에 우리가 슬퍼 우는 이유?
약자에 대한 감수성이 부족한 사회. 폭력 사회.
부탁합니다. 잘못된 성교육부터 바꿔주세요.

466 5·18이 또다른 인권 신장의 이름으로 기억될 수 있길.

465 평소에 아주 자주 오는 곳인데 이런 일이 생겨서 마음이
아픕니다. 부디 좋은 곳으로 가셨으면 좋겠습니다. 그리고
우리 사회의 젠더 의식이 더욱 성숙해지길. 저부터 노력하
겠습니다.

464 인터넷 뉴스 댓글을 보면, 사고가 났을 때 만약 칼만 쥐여
준다면 똑같은 살인을 할 사람이 너무나 많습니다. 성별과
상관없이 같은 사람으로 보질 못하는 여성 혐오가 부끄럽
습니다. 고인의 명복을 빕니다.

463 아무런 의미 없는 죽음. 아무런 이유 없는….
하늘에서도 부디 행복하길.

오늘도 살아서 서울에 올라왔습니다.   462
잊지 않을게요.

그 살인자 역시 그 죄는 목숨으로도 다 갚지 못하겠지만   461
다시는 이런 일이 또 생기지 않도록 사형제도 부활시키고,
여성들이 편하게 다닐 수 있는 사회가 되도록 우리 모두
노력하겠습니다.

너는 '여자'라는 '꽃'이어라. 그저, 두 눈에 담으면 그만인   460
것을. 단지 어여뻐 하늘은 기어코 널, 꺾어가, 버리어요. 내
딛는 손짓에 흩날려만 가는 꽃이여. 이젠 차마 두 눈 뜨고
널, 담기엔 차가워라. 차갑다 못해, 시려워라. 그저 단지
'꽃'이었을 뿐이네.

유영철보다 먼저 죽습니다. 단지 여자라서. 혼자 오는 여   459
성을 기다려서 살해한 범죄가 왜 묻지마 살인? 오늘도 살
아남았다는 안도감 대신 내일에 대한 희망을 꾸게 해주세
요. 삼가 고인의 명복을 빕니다. 그곳에선 편히 쉬세요.

미안합니다.   458
그리고 고인의 명복을 빕니다.

457 여성들이 혐오를 멈추고 여성을 약자로 인식해 저지르는
    모든 범죄를 멈춰달라 말할 때 남성들은 자신들을 잠재적
    범죄자로 만들지 말라며 기분 나빠하고 있다.

456 얼마나 놀랍고 고통스러웠으며 공포에 떨었는지 생각하
    면 심장이 죄어옵니다. 여성이라는 이유로 혐오의 대상이
    되는 세계를 차단하기 위해 힘쓰겠습니다. 아름답고 평화
    로운 곳에 영면하소서!

455 꽃다운 나이에 꽃 한 번 제대로 피워보지 못하고 천사가
    되었네요. 삼가 고인의 명복을 빕니다.

454 여성 혐오는 잘못됐다.
    뭐가 됐든 간에 잘못을 한 이유가 있지 않을까?
    우린 그것을 바로잡아야 한다.

453 GENDER EQUALITY＝우리의 생존권

452 1994년 출생 성비 116. 셋째 성비 200 이상.
    태어난 것만으로도 '살아남은' 세대.
    얼마나 더 '살아남아야' 하나요.

일반화당하고 억울한 남자라고,　　　　　　　　　　　　451
혐오의 프레임에 갇히지 말라고, 약자는 우리 말고도 있다고.
그만해. 너희가 당사자는 아니잖아.

너는 男子라서 모르겠지.　　　　　　　　　　　　　　450

당신은 '잠재적 가해자'로 불린다고 기분 나빠했지만, 나　　449
는 평생 '잠재적 피해자'로 살아왔어요. 여자라고 조심하
고, 여자라고 공포에 떨어야 하는 세상이 아니었으면 좋겠
습니다.

다시는 이런 일이 없도록 해야 합니다.　　　　　　　　448
살인자에게 엄중한 처벌을!

김치녀, 삼일한….　　　　　　　　　　　　　　　　447
대한민국 여성 혐오는 더욱 심각해져갔고,
그것의 절정이 이번 강남 혐오 살인입니다.

그곳에서는 편히 쉬세요. 미안하고 사랑합니다.　　　　446
당신은 나였고 당신의 죽음은 나의 죽음입니다.

(우연히 살아남은 20대 여성)

445 　조심스러운 마음으로 고인의 명복을 빕니다. 부디 편견과
　　멸시, 혐오와 폭력이 없는 세상에서 편히 잠드시기 바랍니
　　다. 남은 사람들은 그런 세상을 위해 노력하겠습니다. 잊
　　지 않겠습니다.

444 　왜? 여자는? 이런 세상에? 살아야 하나요?
　　삼가 고인의 명복을 빕니다.
　　다음 생에는 모든 꿈을 이루시길 바라겠습니다.

443 　여자로 태어나 너무나 힘든 것.

442 　오늘 아침에 거리에서 만난 남자가 대뜸 "나는 장가를 못
　　갔다" 말했어. 모르는 사람이었는데 지나칠 수 없었어. 죽
　　을까봐. 그 남자가 "예쁘다"고 했고 난 무서웠는데 "고맙
　　다"고 했어. 이렇게 살아남았어.

441 　출근하는 길에 소식을 접하면서 얼마나 놀랐는지 모르네
　　요. 당사자는 놀라면서 얼마나 무서웠을까요. 삼가 고인의
　　명복을 빕니다. 미안합니다. 얼마나 무섭고 아팠을지 가늠
　　조차 하지 못해 미안합니다. 더 일찍 관심 갖지 못해 미안
　　합니다. 삼가 고인의 명복을 빕니다.

A 23 years old woman get killed by a man. He said he did   440
because he has been "be littled by women" many times in
the past. She died because she's a woman.

(한 남성이 23살의 여성을 살해했습니다. 그는 과거에 여러 차례 "여성
에게 무시당해서" 그런 일을 했다고 말했습니다. 그녀는 여성이기 때문
에 죽었습니다.—편집자)

이 사건을 여성 혐오 범죄라 인정하지 않는 것은 사회적   439
맥락을 무시하는 것. 남은 여성들을 다시 위험 속에 방치
하는 것입니다.

피해자의 꿈을 물어봐주세요.   438

'내가 매우 서운하다.'≠'이건 매우 잘못됐다.' 문명인을   437
가르는 인식 척도입니다. 남자라고 돌 던지는 거 아니에
요. 과녁에서 나와서 현실을 객관적으로 보았으면 좋겠습
니다. 강남역 여성 살인 사건은 여성 혐오 범죄였습니다.

달아야 할 리본이 늘어나는 현실이 아프고 화가 납니다.   436
기억하겠습니다. 생각하겠습니다. 행동하겠습니다.
고인의 명복을 빕니다.

435 사람들은 이 문제에 대해 끊임없이 논쟁하고,

사회는 더 나은 방향으로 나아갈 것입니다.

고인의 명복을 빕니다.

434 여성을 멸시하는 사회 분위기 속에 당신은 그저 여성이라는 이유로 살해당하고 말았습니다. 이제 남은 사람들이 이 부당함에 당신을 대신하여 맞설 것입니다.

433 밤늦게 돌아다니지 마라.

짧은 치마 입지 마라.

공중화장실 조심해라.

저는 뭘 더 조심해야 살아남을 수 있을까요?

432 남성(gender)은 잠재적 가해자.

남성(sex)을 뜻하지 않습니다.

일반화가 아닙니다.

431 오늘 여기 강남역 10번 출구에 혼자 오는 것도 괜히 겁이 나서 남자친구에게 같이 와달라고 할까 했다가 용기 내서 혼자 왔어요. 이런 현실이 너무 화나고 슬프지만, 앞으로 더 많이 용기 내고 목소리 낼 거예요.

'여자'라는 이유만으로 다시는 돌아올 수 없는 곳으로 가   430
버렸습니다. 앞으로의 날들이 얼마나 환희 찬 날이 될 수
도 있었는데 말이죠. 그곳에서는 행복하세요. 기원 드리겠
습니다.

나는 '그런 남자' 아니라고 주장할 시간에, 당신을 비롯한   429
우리 모두가 어떻게 더 좋은 사회를 만들기 위해 노력할
수 있을지 고민하세요.

안전한 대한민국에서 살고 싶다.   428
여성 몰카, 여성의 성적 대상화, 김여사, 보적보,
모두 여혐입니다.

너의 죽음은 나의 죽음이다. #강남살인남   427

뭐라고 말을 해야 할지. 막막하고 함부로 한 자를 적기도   426
괴롭습니다. 삼가 고인의 명복을 빕니다. 그리고 말 한마
디도 간수 못하고 멋대로 말하시는 분들. 사람이 사람답게
살기 위해선 최소한의 도리와 이성이 필요하다고 생각합
니다. 나쁜 말과 행동으로 고인과 지인, 가족 여러분께 상
처를 주는 건 부디 자제 부탁드립니다.

425   그냥 이민 가자. 여기 못 살겠다.

424   고인의 명복을 빕니다.
       정신병자라고 용서해주지 맙시다.
       정말 사형제 필요함을 생각합니다.

423   새벽 1시, 화장실을 갔다.
       이게 어떻게 잘못입니까.

422   '제발 다시는 이런 일이 없기를.'
       남성이 잠재적 범죄자라는 것이 '아닙니다'.
       다만 며칠 전 이곳에서 죄 없는 사람이 죽었습니다.
       그녀의 죄는 단지 여성이었던 것, 그것 하나였습니다.

421   삼가 고인의 명복을 빕니다.
       슬픕니다.
       저 또한 범죄 피해자였습니다.
       단지 운이 좋아 살아남은 것 같습니다.

420   17일 새벽 1시,
       집에서 공모전 준비를 해서 살아남았습니다.

'조심해'가 당연한 게 아닌 세상에서 살고 싶어요.   419
미안해요. 그곳에선 행복하세요.

지켜드리지 못해 남자로서 너무 부끄럽고 죄송합니다.   418
미안합니다. 당신의 희생 꼭 기억하겠습니다.
부디 평안히 쉬세요. 정말 죄송합니다.

삼가 고인의 명복을 빕니다.   417
강남역을 자주 찾는 저도 한 여자로서 너무 충격이었어요.
부디 아프지 않은 곳에서 편히 쉬세요.

그럼에도 우리는 계속 밤길을 걷고 으슥한 곳에 가겠습니다.   416
'조심'하지 않겠습니다.

이것은 '남성 혐오'가 아닙니다. 여자를 싫어해 어머니가   415
주신 옷도 안 입을 정도로 '여성 혐오'를 한 남자가 여자를
살해한 것에 대해, 살해당한 여성에 대해 추모하는 것입니
다. 언제부터 추모가 남성 혐오의 영역이었습니까? 삼가
고인의 명복을 빕니다.

이걸 읽고 있는 당신도, 오늘 조심히 들어가세요.   414

413   우리가 바꿀게요.

다음 생에 '여자'로 태어나도 괜찮을 수 있게.

412   남성 우월주의에서 편히 사는 남자가

감히 여성의 두려움을 헤아릴 수 있을 것이라 생각하냐.

남자로서 남자가 부끄럽고 화난다.

411   잠재적 가해자가 없다면

피해자도 없었을 것이라고 생각합니다.

410   뭐라고 적어야 내 마음을 다 적을 수 있을까? 모두가 안전
한 세상이 되었으면 좋겠다. 내가 아니라는 이유로 방관한
다면 내게 주어진 바꿀 수 있는 기회조차 모른 척하는 바
보가 되고 말 거다.

409   피해자는 '늦게까지 있어서'도 '술을 먹어서'도 아닌, 일반
인 여성을 죽이기 위해 한 시간을 대기한 '남성'에 의해 죽
었습니다. 혐오를 멈춰주세요.

408   언론 윤리 지킵시다.

'우리는 잘못된 보도에 대해서는 신속하게 바로잡는다.'

이번 일로 시스템적으로 여성이 더 안전한 사회가 되었으 407
면 합니다. 죄 없는 사람들이 더 이상 희생하지 않는 사회
가 되길…. 삼가 고인의 명복을 빕니다.

뭘 사야 할지 몰라서 국화와 붉은 장미를 샀어요. 406
그대도 분명 예쁜 꿈을 꾸던 한 여성이었을 뿐인데.

여성이기에 남성에게 당한 억울한 죽음을 405
우리는 여전히 광인의 일탈로만 치부하는 중입니다.
남성 지배 수혜자의 추한 민낯을 반성합니다.

저였을 수도 있었습니다. 404
그곳에서 편히 쉬세요.

딸을 '단속'하지 말고, 아들을 '교육'시키세요. 403
이 사건은 우연이 아닙니다.
무엇이 잘못되었는지 생각할 때입니다.

어제도 '여자'인 친구와 헤어지며 "조심히 들어가"라고 했다. 402
그 친구들이 무얼 잘못했다고 조심해야 할까.
"조심히 들어가." '남자'인 나는 들어본 적 없는 말이다.

401 여자는 언제 죽을지 모르는 나라.

삼가 고인의 명복을 빕니다.

400 남성 사회의 야만성에 희생당한 당신을 애도합니다.

399 삼가 고인의 명복을 빕니다.

차별 없는 세상에서 다시 만나요.

못다 한 꿈만큼 편히 쉬세요.

398 BE SAFE.

소중한 생명을 지키세요. 지켜주세요.

397 남성에겐 치안 1위,

여성에겐 치한 1위.

396 왜 '여성'이라는 이유로 죽어야 하나요.

395 친구야, 잘 도착했니? 네가 있는 그곳은 약한 존재를 따뜻
하게 감싸주는 아름다운 세상이라는 얘길 들었어. 부디 그
곳에서 못다 이룬 꿈을 이루길 바라. 친구야, 너는 날 모르
고 나도 널 모르지만 나는 네가 너무 보고 싶어.

당신과 내가 여성이었기에. 삼가 고인의 명복을 빕니다.   394
'여자'이기 전에 '인간'이고 싶은 것이 그리도 잘못된 것
입니까.

여성이기에 이런 일을 당했다는 그 사실이 안타깝고 대한   393
민국엔 아직도 성차별이 존재함을 경각하게 해주었습니
다. 안타깝게 희생당한 피해 여성분의 명복을 빕니다.

그곳에서는 '여자'라는 이유만으로 너의 꿈이 짓밟히는   392
일이 없길 바라. (그곳에 있지 않아 우연히 살아남은 24살)

우리는 여성이기 때문에 목숨이 운에 달렸다!   391
삼가 고인의 명복을 빕니다.

화장실 안 가?   390
몰카 찍힐까봐, 살해당할까봐 못 가.

나는 포스트잇 한 장보다는 더 세상이 나아지기를 바라요.   389

넌 내가 지켜줄게.(X)   388
여자라는 이유로 살해당하다니 정말 안타깝다.(O)

387 저는 23살 평범한 여학생입니다. 강남역에 어학원을 다니고, 친구들이랑 맛있는 걸 먹으러 옵니다. 단지 여자란 이유로 생명의 위협을 느끼고 차별당하고 싶지 않습니다.

386 오늘도 살아남았다.

385 오해받아서 기분 나쁘세요?
저는 죽을까봐 두렵습니다.

384 두렵고 싶어서 두려운 게 아니에요.
무섭고 싶어서 무서운 게 아니에요.
두렵고 무서워요.

383 죄송합니다.
Gendercide에 더 이상 앉아 있지 않겠습니다.

382 또 왔어요. 나는 여기 매일 옵니다. 당신처럼 꿈이 있기 때문이죠. 당신은 무엇이 하고 싶었나요? 왜 당신이 답할 수 없는지. 여기에 많은 사람들이 외치고 있네요. 여기 많은 이들이 당신의 죽음이 헛되지 않도록 외치고 있어요. 당신은 쉬어요.

여성 혐오는 싫어하거나 혐오하는 게 아닙니다.   381
'편견'을 갖는 것부터 여성 혐오예요.

마음이 너무 아픕니다. 이건 남자 여자 편 가르기가 아닙   380
니다. 이번 사건을 통해서 사회 인식이 조금이라도 바뀌길
바랍니다.

죄송합니다. 여자라는 이유로 누구도 나의 몸에 손대지   379
않을 당연한 권리를 박탈당한 당신의 죽음을 꾼이 애도합
니다.

내가 죽은 거 같아요.   378

그날 저는 오랜만에 과제 없이 일찍 잠들었고, 살아남았습   377
니다. 여성이 편하게 밤에 산책하고 택시를 타고 화장실을
갈 수 있는 사회를 만들기 위해 노력하겠습니다. 고인의
명복을 빕니다.

그곳에선 여성도 남성도 아닌 한 사람으로 편히 쉬세요.   376
고인의 명복을 빕니다.
다시는 이런 일이 없기를 바랍니다.

375 23살 소녀는 무슨 죄를 지어 살해당했나요? 여자라는 이
유로 죽었나요? 범인은 한 시간 동안 '여자'만 기다렸습니
다. 왜 자꾸 '여자' 대상 범죄를 묻지마 살인이라고 말하나
요? 당신들은 당신을 잠재적 가해자라고 말해 기분 나쁘
지만, 여자들은 살해당할까 무서워하며 살아요.

374 개인적인 것이 정치적인 것입니다.
하루하루의 삶이 정치적인 것입니다.

373 추모하는 데 정치질 하지 마시고, 정책으로 보여주세요.
주최? 주최 단체 없습니다. 숟가락 얹지 마세요.

372 너무나도 사랑스러운 나의 친구야. 소중한 인연이 될 수도
있었을 텐데 여자라서 우연히 살아남은 나지만 내일, 모
레, 또 언제 어떻게 될지 모르겠다. 부디 그곳은 아름답길.

371 이리 또 한 명을 떠나보내니 가슴이 아프다.
이렇게밖에 널 위로할 수 없는 내가, 이 현실이 슬프다.

370 계획 범죄를 '우발적'이라는 말로 감싸지 마라.
여성이라 죽은 것.

당신이 여자라서 죽게 했습니다. 369
미안합니다.

추모할 때조차 몰카와 테러가 두려워 마스크를 써야 하는 368
'한국 여자'.

범인에 대한 강력한 처벌! 367

피해자는 가해자가 있던 화장실의 일곱 번째 방문자이자 366
첫 여성 방문자였다. 명백한 여성 혐오 범죄.

언니 우리 다음 생에서는 살인 걱정 없는, 성범죄 걱정 없 365
는, 존중받고 사랑받는 아름다운 여성으로 태어나요. 하늘
에서 빛나는 별이 되길 진심으로 기도할게요. 그리고 우리
들 더 노력할게요.

비난은 악행을 저지른 범인과 무엇이 문제인지 파악하지 364
못하는 사람들이 받아야겠죠.

무엇보다 나는 네 죽음을 헛되게 방관하고 있지 않을 거야. 363
얼마나 무서웠을까. 같이 못 가줘서 미안해.

118

362 남자라는 이유로 이 사회에서 받은 특권들이 참 많습니다.
여성분들이 느끼는 공포에 100% 공감하지 못하는 대신
더 나은 세상을 만들기 위해 노력하겠습니다.

361 세상의 딸들.
편안하고 행복하고 안심할 수 있도록.

360 약자를 보호할 수 있는 국가가 강국입니다.

359 지지리도 못난 우리,
그냥 다 죽자.

358 살女주세요. 살아男았다.
고인의 명복을 빕니다.

357 살아남겠습니다.
당신 잃고 내가 살아 미안합니다.
살아남아 이 세상을 바꾸는 일에 힘을 보태겠습니다.

356 기억하겠습니다.
지켜주지 못해서 미안합니다.

같은 나이라 친구 같고 더 남 같지 않아 마음이 아프네요.　355
부디 하늘에선 평온하길 바랍니다.

천국에서 편안하게 쉬세요.　354
명복을 빕니다.

17일 1시에 친구들과 밖에 있었지만 내가 강남에 있었더　353
라도 내가 당할 수 있던 일이었죠. 그제도 어제도 오늘도
나는 우연히 살아남았어요. 하고 싶은 말이 참 많지만 무
엇보다 언니가 부디 하늘에서는 행복하길 바라요. 그리고
오늘도 우연히 살아남은 대한민국 여성들이 세상을 바꿀
거예요.

더 이상 이런 일은 일어나지 않아야겠습니다.　352
그곳에서는 편안하세요.

방금 내 옆, 남자 대학생 3명이 왜 이런 걸로 싸움을 조장　351
하냐고 한참 구시렁거렸다. 그래서 우리는 싸움 없는 평화
로운 사회에서 살고 있는가?

이건 나에게 일어난 일이다.　350

349   미안해요, 동생.

       우리가 할 수 있는 것들을 해갈게요.

348   삼가 고인의 명복을 빕니다.

       다음엔 여혐 없는 곳에서 다시 만나요.

347   얼마나 아팠을까요. 얼마나 무서웠을까요.

       천국에서 편안히 쉬세요.

346   늦게 와서 미안해.

       삼가 고인의 명복을 빕니다.

345   여성 혐오는 사라져야 한다.

       삼가 고인의 명복을 빕니다.

344   어제 문득 생각해봤는데, 13살 때 납치당할 뻔하고 16살
       때 강간당할 뻔하고 20살 때 강간당했더라. 그리고 (여자인)
       친구도 크게 다르지 않더라고. 남자가 사는 한국과 여자가
       사는 한국은 다른 나라인 것 같다. 의도적인 무시는 동조
       와 마찬가지다. 한국 남자는 눈을 뜨고 현실을 봐야 할 필
       요가 있다. 여태 당신들이 살았던 한국은 반쪽짜리다.

사람이 모두 사람으로 대접받기를. 성별 때문에 표적이 되   343
는 일이 없는 세상이 될 때까지 나아가겠습니다.

고인의 명복을 빕니다.   342
지금보다 더 여자가 사람다운 곳에서 다시 만날 수 있길.

우발적, 정신병, 음주 상태, 심신미약이란 말로는   341
살인이 정당화될 수 없습니다.

국화꽃 한 송이 바치지 못한 저를 용서해주세요.   340
인권, 생명권을 존중받지 못한 당신의 죽음을 애도합니다.
왜 우리는 여자로 태어났을까요. 여자라서. 여자라서.

여자들이 자신을 무시했다는 이유로 모르는 여인에게 칼   339
부림을 해도 된다면, 여자라는 이유로 온갖 희롱과 모욕을
당하는 대한민국 여성들은 연쇄살인범이 되었을 거다. 칼
부림, 살인, 범죄는 정당화될 수 없다. #강남살인남

누구도 누구를 어떤 이유로도 죽일 순 없어요. 내가, 내 친   338
구들이, 얼굴도 이름도 모르는 사람들이 이런 사건을 계기
로 더 이상 슬퍼하지 않았으면. 고인의 명복을 빕니다.

337 내가 지금 살아 있는 이유는
단지 우연히 그때 그곳에 없었기 때문입니다.

336 삼가 고인의 명복을 빕니다.
나는 이 사회가 혐오스럽습니다.

335 삼가 고인의 명복을 빕니다.
편히 쉬세요.

334 삼가 고인의 명복을 빕니다.
부디 그곳에선 아프지 마세요.

333 언니가 미안해.
너에게 조금 더 나은 세상을 만들어주지 못해서.

332 삼가 고인의 명복을 빕니다. 죄 없는 여성들을 향한 남성들의 그릇된 혐오에 희생당하는 여성들이 더 이상 나오지 않기 바랍니다. 너무나 마음이 아픕니다. 그곳에선 평안하시길.

331 지켜주지 못해서 미안합니다.

그날 새벽 죽은 게 나였어도 이상할 게 없는 세상.   330
나는 우연히 살아남았다.
삼가 고인의 명복을 빕니다.

안타까운 부분이 많고 말이 안 되는 부분이 많은 사건이   329
지만 많은 말을 하기보다는 무엇보다도 삼가 고인의 명복
을 빕니다.

얼마나 무섭고 고통스러웠을지 가늠도 안 되지만,   328
마음을 다해 가시는 길 위로하겠습니다.
삼가 고인의 명복을 빕니다.

STOP VIOLENCE AGAINST WOMEN.   327

(여성에 대한 폭력을 멈춰라.―편집자)

DAS IST EIN MANN'S PROBLEM!   326

(그것은 남성의 문제다!―편집자)

삼가 고인의 명복을 빕니다. 꽃다운 나이에 믿기지 않는   325
일이 일어났지만, 다시는 이런 일이 없도록, 더 좋은 세상
만들게요. 편히 쉬시길 바랍니다.

324   사람을 남자·여자가 아닌 존중받는 한 존재로 봐줄 수 있
       는 사회는 언제 올까요. 나는 사람입니다. 여자는 사람입
       니다. 죽이지 마세요. 당신은 그럴 권리가 없어요.

323   여자라서 나는 그들에게 맞설 것이다.

322   왜? 이번엔 "그러게 왜 여자가 그 시간에 화장실에 혼자
       가서는…"이라고 하게요? 언제나 피해자에게, 그것도 여
       성에게만 범죄의 원인을 돌리는 이 나라가 정말 역겹습니
       다. 여자들에게 '밤늦게 돌아다니지 마라' '짧은 옷을 입지
       마라'라고 가르치기 전에 남자들에게 '여자를 살해하지
       마라' '여자를 성폭행하지 마라'라고 가르치십쇼. 그게 맞
       는 겁니다.

321   사람 때리지 마세요, 사람 죽이지 마세요.
       백 번, 천 번을 말해도 알아듣지 못하는
       멍청한 나라에 살고 있다.

320   언제까지 우리는
       '여자'라는 꼬리표 때문에 희생당하고 죽어야 할까요?
       고인의 명복을 빕니다.

당신의 죽음을 절대 잊지 않겠습니다.   319

여자는 보호를 해야 하는 거지 나보다 약하다 해서 핍박   318
하고 겁박해선 안 됩니다. 세상이 단절이 되기 시작하니
이런 일이 생기네요. 부디 하늘에선 편안하길 기도하겠습
니다.

여자이기 때문에 죽어야 할 사람은 없습니다.   317
부디 그곳에선 아프지 않고 행복하시길.
'여성 혐오' 시대, 꼭 바꿔나가겠습니다.
삼가 고인의 명복을 빕니다.

여자라서?   316

천국에서 못다 한 행복 마음껏 누리시고   315
그곳에서 가족들과 남자친구분의 행복을 지켜봐주세요.
당신과 함께 모든 소수자들에 대한 혐오가
사랑으로 바뀌길 기도합니다.

얼마나 아프고 무서웠을까요. 얼마나 억울했을까요.   314
단지 여자라는 이유만으로.

313 그곳에서는 행복하세요.

당신의 꿈을 헛되게 하지 않겠습니다.

312 내가 살아남은 것은 운이 좋아서일 뿐이다.

여성 혐오 범죄를 멈춰주세요.

삼가 고인의 명복을 빕니다.

311 삼가 고인의 명복을 빕니다.

그곳에서 편히 쉬시길.

310 "여자라서 죽였다."

그런데 혐오 범죄(hate crime)가 아니다?

남성분들, 공용 화장실이 무서우신가요?

309 23, 꽃다운 청춘이지만, 여성이라고 살해당했습니다.

제발 하늘에서는 행복하게 잘 지내.

308 Alle Menschen haben ein Recht, das als Menschen sidéres
Leben haben.

(모든 인간은 동등한데, 인간으로서 살아 있다는 게 놀랍기만 합니다.―
편집자)

다음 생은 언니랑 같이 남자로 태어나자.　　　　307

우리는 이제 이런 나라에서 어떻게 살아갈까요.　　　306

Gender can't be a reason.　　　　305
(젠더가 이유가 될 순 없습니다.—편집자)
#Hate crime!

또 올게.　　　　304
고맙고 또 고맙고 미안해.

여자라는 이유로 단지 살해를 당했다는 게 너무 가슴이　　303
아픕니다. 하늘에서는 부디 행복하시고 다음 생엔 대한민
국의 여성이 아닌 다른 삶으로 사시길.

이제 화장실에서 운 좋으면 무사히 나옴.　　　　302
좀 나쁘면, 살해당함.
살려주세요.

이유는 없다. 결과로 판정.　　　　301
재판 없이 똑같이 죽여줘야 경종을.

300   삼가 고인의 명복을 빕니다. #강남살인남

299   R.I.P. 제2의 여성 혐오 살인이 일어나지 않기를 바라며.

298   삼가 고인의 명복을 빕니다.
부디 편히 쉬십시오. 기도하겠습니다.

297   채 다 피기도 전에 져버린 가여운 꽃.
하늘에서도 행복하기를. (익명)

296   삼가 고인의 명복을 빕니다. 여성 혐오가 폭력의 사유일
수 없습니다. 우리는 더 이상 외면해선 안 됩니다. 우리 모
두 그 순간, 우연히 살아 있었을 뿐입니다. 5/17 강남 살인
사건, 대한민국의 현주소입니다.

295   **And YES, This is HATE CRIME.**
(그래요, 이게 증오 범죄이지요.—편집자)

294   반성해라. 인간이라면.

293   미안해요. 편히 쉬어요.

17일 새벽 1시, 한 여성이 '여자라는' 이유로 살해당했다.   292
나는 그 시간, 그 자리에 없어서 '우연히' 살아남았다.
여성 혐오를 멈춰주세요.

페미니스트는 아무도 죽이지 않았다 vs. 일면식도 없는 여   291
성을 죽이는 여성 혐오.

내가 그 자리에 대신 있었더라면 제압하고 경찰서로 인계   290
했을 텐데…. 하늘나라에서 행복하세요.

#살아남았다   289

저는 집에 가는 지하철 역사에서 정신병자 남성(혼자 있는   288
여자에게만 시비를 거는)에게 폭력을 당한 적이 있습니다. 그
가 칼을 들었다면 저는 당신처럼 살해당했겠지요. 당신의
평화를 빕니다.

다음 생은 언니랑 같이 남자로 태어나자.   287

늘 걷던 이 거리를 오늘도 운 좋게 살아남아 걷습니다.   286
삼가 고인의 명복을 빕니다.

285 여자라서 하루하루 무서워요.

호신용 물품이 품절되는 이 나라에서 구해주세요.

고인의 명복을 빕니다.

284 슬픔에만 매몰되지 않을게요.

우리가 좀더 나은 세상 만들게요.

미안합니다. 편히 쉬어요.

283 사회가 힘들고 남자가 힘든 것은

여자 때문이 아닙니다. 제발!

282 같은 국적의 남자라서 미안해요.

거기에서는 아프지 않았으면 좋겠어요.

한창 아름다울 시기에 당신을 잃게 해서 너무 미안해요.

281 위험한 '밤'에 나가는 '내' 잘못이 아냐.

'위험한' 밤을 만든 '니' 잘못이라고.

280 5월 17일 새벽 1시. 나는 집이었고 오늘 살아남았다.

여자라는 이유가 범죄의 대상이 되어선 안 된다.

살려주세요.

저는 운이 좋아 살아남았습니다. '조심하라'고 말할 필요 279
없는 안전한, 여혐 없는 세상을 원합니다.

언니는 아무 잘못 없어요. 못다 핀 채 떠나보내고 듣지 말 278
아야 할 소리까지 듣게 해서 미안해요.

묵인하는 자 모두 같은 가해자일 뿐. #강남살인남 #여성 277
혐오

살아 있는 저희들이 좀더 편한 세상을 만들 수 있도록 노 276
력하겠습니다. 삼가 고인의 명복을 빕니다.

아, 산다는 것이 왜 이렇게 위험과 불안으로 가득할까요. 275
우리는 동갑이고 우리는 걸어야 할 밤길이 많고 살아서
걸어보고 싶은 밤길이 많았지요. 우리가 우리라는 이유로
그 길에 발도 들일 수 없다면 이 세계는 무엇을 위해 있을
까요. 저승길은 안전하고 아름답길.

이젠 더 이상 '물 흐르듯' 넘기지 않겠습니다. 274

내일도 평범한 하루를 보낼 수 있길. #160517 273

272   '약자 혐오'가 만연한 이 사회에서 지켜주지 못해 죄송합니다. 당신도, 나도, 모든 사람들이 더 이상 이런 곳에서 살지 않길 바라며.

271   "여자분들 심정은 이해하지만" 단서를 달고 또다른 편견에 가득 찬 말을 하지 말아주세요. 여자가 아니기에 이 공포를 100% 이해할 수 없다면, 그냥 그 한계를 인정해주세요.

270   더 이상 같은 피해자가 생기지 않게
더 이상 여자가 피해자가 아닌 세상으로 바꿔줄게요.
명복을 빕니다.

269   네, 가해자가 잘못한 것 맞아요. 그런데 이 상황에서 가해자에게 이유를 만들어주며 피해자가 외진 곳에 갔다고 탓하는 당신은 '정상이세요?'

268   삼가 고인의 명복을 빕니다.
미안해요. 지켜주지 못해서.
앞으로 나는 우연하게 운이 좋아 살아남은 거 같아요.
그곳에선 편히 쉬세요. 미안해요 언니.

대다수의 남자가 여자를 성폭행, 살해하진 않지만　267
모든 여자는 남자를 두려워하고 산다.
자각해야만 한다.

내일 당신과 만나게 되지 않는다는 보장도 없지만　266
오늘 살아남았으니 당신을 추모합니다.

이것을 여성 혐오 범죄라 하는 것이 두려운가?　265
나는 당당하다.
이것은 여성 혐오 범죄다. (男 남김)

잊지 않겠습니다. 기억하고 행동하겠습니다.　264
삼가 고인의 명복을 빕니다.

한국이라는 지옥을 떠나 행복해지시길.　263

'목사 꿈꾸던 신학생'…. 피해자에게도 꿈이 있었겠죠? 가　262
해자는 과연 어떤 처벌을 받을까요? 잊혀지지 않길 바랄
뿐입니다. 여성을 노리는 남자가 없으면 여성은 조심하지
않아도 됩니다. 누구의 책임일까요? 이제야 조명되는 '여
성 혐오 범죄'가 다시는 조명되지 않길 바랍니다.

261 더러운 남자이며,

부끄러운 신학생 한 명이 속죄의 마음으로 사과합니다.

미안합니다. 정말로 미안합니다.

하나님 품 안에서 평안하길 빕니다.

260 일반화당해서 기분 나쁘십니까?

우린 죽어가고 있습니다.

259 언니, 삼가 고인의 명복을 빕니다.

그 나쁜 사람은 꼭 벌받을 거예요.

258 이렇게 화창한 봄날,

꽃 같은 그대가 하늘을 볼 수 없음에 눈물짓는다.

257 우리 다음에는

여자라는 사실이 위험하지 않은 세상에서 만나요.

256 사람도 문제지만 참 법도 문제다. 만약 23살 피해자가 국
회의원 딸이었다면 법이 어떻게 바뀌었을까? 이 사건 이
후 법의 개정과 대한민국 시민 의식이 바르게 깨어나길
바람.

대충 "모든 남자가 살인자냐? 그럼 한 여자가 개년이면 모   255
든 여자가 개년이냐? 엿 먹어라"라는 뜻이네요. 한국분이
쓰고 가는 거 봤어요. 이렇게 쓰면 못 알아볼 거 같았나요?

삼가 고인의 명복을 빕니다.   254
여자라는 이유만으로. 가슴이 아프네요.

얼마나 더 조심해야   253
무고한 피해자로 인정받을 수 있나요?

언론은 묻지마 살인을 멈추세요.   252

#운이 좋아 살아남았다.   251
성별이 범죄 피해자 조건이 되는 사회가 여혐이 아닌가?
고인의 명복을 빕니다.

남자라는 이유로 살해당하는 남자는 없다.   250
하지만, 여성이라는 이유로 살해당하는 여성은 존재한다.

삼가 고인의 명복을 빕니다.   249
여자도 똑같은 사람이에요.

248　삼가 고인의 명복을 빕니다. 같은 여자, 그리고 동생 같다는 생각에 마음이 너무 아프네요. 하늘나라에선 부디 맘 편하고 행복하게 사셨으면 합니다.

247　당신이 죽인 것은 '한 사람'이지만
당신이 망가뜨린 것은 '누군가들'의 삶이다.
부디 쓴 벌을 받기를.

246　이제 공중화장실 쓰려면
몰카뿐 아니라 칼 든 미친놈도 걱정해야 함.
헬조선 클라쓰.

245　이미 나는 몇 번이고 죽을 뻔했지만, 그저 운이 좋아 살아남았다. 이걸 쓰고 집에 가는 길에 그 '운'이 다한다면 죽을지도 모르겠지.

244　남자 학생이라서 정말로 미안합니다.
열심히 배워서 오늘의 사고를 변화의 힘으로 만들겠습니다.
죄송합니다.

243　여자라서 살아남을 수 있을까. 뱃속에서도 걱정했는데.

오늘 날씨는 너무 좋네요.   242
가슴이 그래서 더더욱 아프네요.
삼가 고인의 명복을 빕니다.

우리 여자여도 괜찮은 세상에서 만나요.   241

집에 있었고, 그래서 #살아남았다.   240
삼가 고인의 명복을 빕니다.

제 명대로 살고 싶어요.   239

삼가 고인의 명복을 빕니다.   238
조금이라도 편안해지셨으면 좋겠습니다.

뭐라고 적어야 할지 잘 모르겠어. 미안해.   237
나는 그 시간에 우연히 여기에 없어서
네가 대신 죽은 것 같아. 미안해. 미안해.

#고인의 명복을 빕니다. #좋은 곳으로 가세요.   236

삼가 고인의 명복을 빕니다. (너랑 동갑인 친구가)   235

234   여기까지 찾아와서 '여성 혐오'가 아니라고 '여성 혐오'
하지 말라고 하는 사람은 '시민발언대'에서 벌벌 떨면서,
그리고 울음 섞인 목소리로 '증언'하는 여성들의 이야기
를 한 번이라도 들어주세요. 제발….

233   삼가 고인의 명복을 빕니다.
그곳에서는 평안하시길 바랍니다. (2016.5.22)

232   아직 걷지 못한 앞길보다 밝은 것은 없다.
부디 그곳에선 편안하시길 바라요.
삼가 고인의 명복을 빕니다.

231   여자라서 살아남았습니다.
나는 운이 좋았구요.

230   제가 그곳에 같이 있었다면 범인은 당신을 아프게 하지
못했을 텐데…. 여자인 저도 당신을 지켜주지 못해 죄송합
니다.

229   누가 널 무시하는 것 같아서 아무나 만만한 사람 죽이고
싶으면 차라리 자해를 해라.

삼가 고인의 명복을 빕니다.   228
여자라서 죽임 당하는 사회,
살아남은 우리들이 바꿔나갈게요.

삼가 고인의 명복을 빕니다.   227
다음 세상에서 더 좋은 삶을 살기를 바랍니다.

나는 '살아남았습니다'.   226
삼가 고인의 명복을 빕니다.

더 이상 침묵하지 않을게요.   225
그대가 다시 태어날 다음 세상에는
어떠한 이유로도 차별받고 억압받지 않기를 바랍니다.

여성이 안전한 세상을 만드는 거!   224
여성 폭력을 용서치 않는,
여성 혐오를 묵인하지 않는 당신의 생각!

삼가 고인의 명복을 빕니다.   223
늦게 다녀도, 야한 옷을 입어도 걱정해야 할 일 없이
여자가 조심하지 않아도 되는 한국이 되도록 노력할게요.

222   막상 펜을 들고 글을 남기려고 해도 아무런 생각이 나지
않습니다. 나는 언제 죽어도 이상하지 않은 그런 존재가
되어버렸습니다. 아, 원래 그런 존재였나요? 이럴 줄 알았
으면… 남자로 태어나는 건데.

221   "일반화하지 마라"라는 말을 하는 당신의 존재가 문제의
일부다. 사건 자체를 걱정하고 애도를 표하기보다 자신의
'성별'을 모욕했다는 걸 우위에 두고 있을 뿐.

220   꽃다운 영혼의 명복을 빕니다.
더 나은 세상 만들게요!!!

219   늦게 와서 죄송합니다. 그리고 미안해요.

218   오늘은 운 좋게 살아남았지만
내일은 또 어떨지 불안하고 걱정입니다.

217   우회적, 묻지마 살인이 아닌 계획된 여성 살인.
동정받아서는 안 될 살인범. 강남 살인범.

216   남자에게 여자가 '지킴' 받지 않는 세상을 만들어주세요.

문득, 일상생활 중 네가 생각이 났다.　　　　　　　　215
그저 여자라는 이유로 죽어
평범한 일상조차 누리지 못한 네가 생각이 났다.

삼가 고인의 명복을 빕니다.　　　　　　　　214
이런 일이 되풀이되지 않도록 노력하는 사회가 되도록
저도 노력하겠습니다.

언니가 미안해.　　　　　　　　213
아무리 생각해도 너는 향 냄새를 맡을 이유가 없는데.
이제야 모여서 미안해.

아직 영원을 믿었을 나이에　　　　　　　　212
너무 빨리 끝나버린 너의 영원.

하고 싶은 말이 정말 많은데, 많았을 텐데　　　　　　　　211
'미안해요'밖에 못 쓰는 현실,
마스크 쓰며 떨고 있는 현실도 정말 미안해요.

꽃 같은 당신이 늘 행복하길.　　　　　　　　210
삼가 고인의 명복을 빕니다.

209   하늘에서도 좋은 일만 강가에서 거닐며 가득하길.

지켜주지 못해 미안해.

208   오늘도 아가씨를 생각하며 왔습니다.

이렇게 많은 사람들이 잊지 않고 있어요.

이러한 일들이 있지 않도록, 편히 쉬시길 바랍니다.

삼가 고인의 명복을 빕니다.

207   동생아. 넌 잘못한 거 없어.

새벽 1시에 밖에 있던 것도, 노래방 좀 갔던 것도

니 잘못이 아니야.

그러니 천국에선 꼭 행복해.

206   저는 밤길을 조심할 필요가 없었습니다. 남성으로 태어났

기 때문입니다. 단지 여성이기 때문에 한 사람이 죽었습니

다. 여성 혐오 없는 세상을 위해 저부터 노력하겠습니다.

기억하겠습니다. (아저씨1)

205   서럽게 아, 엄숙한 세상을 서럽게 눈물 흘려 살아가리라.

누가 평등을 보았다 하는가.

누가 이 땅에 평등이 넘쳐흐른다 하는가.

삼가 고인의 명복을 빕니다.   204
남녀 혐오가 없어지는 그날까지 노력할게요.

당신은 이렇게 논란이 될 줄 알았을까.   203

'묻지마' 살인의 가해자 97.5%가 '남성', 피해자의 반 이   202
상도 '남성'입니다. 그리고 '묻지마' 살인 동기의 상당수
는'자기 파괴'. 경제적 약자인 남자들이 자신의 남성성을
누군가를 '살해'함으로써 증명하려는 것으로 해석할 수
있습니다. 이 사건은 남녀 문제가 아니라, 우리 안에 여성
혐오와 왜곡된 남성성에 대한 성찰이 필요한 사건입니다.
남자분들은 여성을 지배하지 않아도, 폭력으로 힘을 증명
하지 않아도 온전한 자신으로서 충분히 멋집니다!

"모든 남자가 그런 건 아니다."   201
그래. "모든 여자가 죽지는 않는다."

왜 여자라는 이유로 강간을 당해야 하고, 폭행을 당해야   200
하고, 옷은 조신히 입어야 하며, 밤늦게 '남녀 평등'하게
돌아다닐 수도 없나요? 이젠 공공 화장실도 내 맘대로 갈
수 없는 나라에서.

199   가해자의 꿈은. 피해자의 꿈은.

기자들은 부끄러운 줄 아세요.

198   Pray For You. 항상 지나다니는 10번 출구에서 이런 일이
일어났다는 얘기를 듣고 정말 놀랐어요. 내가 그날 학원
을 갔다면…. 어쩌면 나였을 수도 있었다는 생각이 들었
어요. 부디 그곳에선 편하게 쉬세요. 삼가 고인의 명복을
빕니다.

197   왜 가해자는 사라지고 피해자만 남는가. #강남살인남

196   이 땅의 여성 대통령님! 어디 계십니까? 우리 대한의 딸들
을 자유롭고 행복하게 살도록 지켜주십시오. 간절히 기도
드립니다. 딸 셋 낳은 어미!

195   삼가 고인의 명복을 빕니다. 그곳에선 편히 주무시길. 유
가족분들을 위해서라도 열심히 뛰며 봉사하며 헌신하겠
습니다. 죄송하고 또 죄송합니다.

194   화장실 갈 때 이전에는 몰카가 무서웠는데
이제는 살해당하는 것이 무섭습니다.

개인의 문제가 아니라 사회의 문제입니다. 193
더 이상 묵인하지 말고 우리가 처한 현실을 봐주세요.

'여자'가 아닌 '사람'으로 인정받는 세상에서 다시 만나. 192

삼가 고인의 명복을 빕니다. 191
2016. 5. 17. 새벽 1시, 나는 집에 있어서 살아남았다.

위로를 받아야 할 그대는 어디에도 없기에 190
추모로 대신할 수밖에 없다….

오늘의 나는 우연히 살아남았습니다. 189

언론은 왜 살인마의 꿈을 들먹이며 188
변호사 짓거리를 자청하는가.

빕니다. 하늘나라에서 편히 쉬세요. 187
그곳에서 여성 모두가 불안하지 않은 세상이길 바라고
이곳 역시 바꾸어가겠습니다.

무시와 차별을 당신이 하고 있었던 것. 186

185   고인의 명복을 빕니다.

좋은 곳에서, 아름다운 곳에서 행복하세요.

그대. 그대를 절대로 잊지 않겠습니다.

184   언니, 언니의 꿈은 무엇이었나요? 그 꿈은 이루어졌나요?

미안합니다. 미안해요. 진심으로 미안해요.

183   할 말이 없을 정도로 너무 안타깝습니다.

그곳에서는 편하게 쉬세요. 고인의 명복을 빕니다.

182   '여자'가 밤에. '여자'니까 조심해야지. '여자'가 그런 차림

으로. '여자'가. '여자'가. 이제 여자이기 전에 한 인간으로

살고 싶다.

181   우리들이 대한민국을 바꿀게요.

노력할 테니까. 당신은 그곳에서 편히 쉬세요.

180   오늘 두 번째로 이 장소를 찾았어요.

며칠 사이에 메시지와 꽃이 꽤 많이 늘었습니다.

모두 당신의 죽음을 슬퍼하고, 기억하고 있어요.

그곳에선 편히 쉬었으면 좋겠습니다.

"조심해"가 아니라 "하지마"가 맞지 않을까?   179

새벽은 왜 한국 여자한테 위험해야 하나요.   178

저는 새벽에도 친구들과 술 한잔 마음 편히 하고 싶은   177
한국의 '사람'입니다.

난 이곳을 지나 또 어디를 갈까 이야기한다.   176
잊지 않지만, 잊지 못하지만, 이렇게 또 내일을 살 것이다.
이런 걸로 미안해하게 하지 마.

같은 나이. 내가 자주 오는 곳. 같은 성별.   175
이게 내 죽음의 추모였을지도 모른다.

어제 저는 우연히 살아남을 수 있었습니다.   174
그런데 오늘은 또 어떻게 해야 하나요.

재발 방지책 = STOP 여성 혐오.   173

여자를 죽이지 마세요. 여자를 강간하지 마세요.   172
이게 그렇게 어려운 일인가요?

171   이 대한민국이 이 사건을
잊혀지는 사건으로 기억하질 않길 바랍니다.

170   여성 혐오 역사 1000년.
교도소 수감자 중 97% '남성'.

169   저는 17일 새벽 집 안에 있어 살아남았습니다.
삼가 고인의 명복을 빕니다.
다시는 혐오 범죄가 일어나지 않길 빕니다.

168   이 앞에서 살아男아 생각합니다.
미안합니다. 분노하겠습니다.
이 사회를 바꾸는 물결에 서겠습니다.

167   남혐, 여혐이 본질이 아닌 사회 근원적 문제가 본질.

166   염산 테러 당하고 싶지 않아서
마스크를 쓰고 추모하러 왔습니다.

165   여성 혐오가 죽였다.
우리는 연결될수록 강하다.

우리는 잠재적 범죄자 '낙인'이 불편합니다.   164

남녀 편가르지 말고 모두 함께 추모합시다.   163

여자이기 전에 사람입니다.   162

다음 피해 女자는 없게 만들게요.   161
늦어서 미안합니다.

화장실女가 아닙니다.   160
강남 살해男입니다.

여자라서 죽지 않는 세상을 만드는 것.   159
남은 자들의 몫이고 우리 모두의 책임이다.

그냥 지나칠 수 없어 왔습니다.   158
아빠로서, 지도자로서 더욱 좋은 세상을 만들겠습니다.
미안합니다. 삼가 고인의 명복을 빌어요!

국회의원이나 법관의 자식이었다면 여전히 가만히 있겠나.   157
사형제를 존치!

150

156 못 이룬 꿈 다음 생에 꼭 이룰 수 있길….
나는 운이 좋았어요. 미안합니다….

155 잠정적 범죄자로 일반화되어 불쾌하신가요?
저는 여성으로 일반화되어 살해당할까 두려워요.
고인의 명복을 빕니다.

154 기자들, 언론은 반성하세요.
한국 남자들 반성하십시오.

153 삼가 고인의 명복을 빕니다.
그곳에서는 '여자'가 아닌 '사람'으로 살아가기를….

152 언론은 부끄러워하십시오. 무엇을 위한 보도입니까.
#묻지마 살인으로 프레이밍 하지 마세요.
계획적으로 발생한 '표적 살인'입니다.

151 사형제도를 왜! 없애느냐. 살인에는 사형.

150 여자가 무시…
은연 중에 언론은 피해자에게 책임을 돌립니다.

난 여자란 이유로 오늘 죽을 수도 있겠지?   149

돌아가신 분의 죽음을 그 누구도 모욕하지 마시길.

지켜주지 못해서 미안해.   148

오늘 난 운이 좋아서 살았겠지.

삼가 고인의 명복을 빕니다.   147

우리는 우연히 살아남은 여성입니다.

하늘나라에서 꼭 행복하세요.   146

우연히 당신이 죽었고 우연히 내가 살아남았습니다.   145

살아남음이 필연이 될 때까지 나는 살아남을 겁니다.

더 이상 침묵하지 않겠습니다.   144

더 이상 가만히 있지 맙시다.

삼가 고인의 명복을 빕니다.   143

여성 혐오로 인해 발생한 이번 사건을 잊지 않겠습니다.

오늘도 나는 여자이기 때문에

하루하루 살아남은 삶을 살고 있습니다.

142   우리나라 최초의 여성 대통령이라 일컫던 당신은
       지금 무얼하고 있습니까?

141   살女주세요. 넌 살아南았잖아.

140   여성뿐만이 아닌 대한민국 전 국민의 안전이 보장받길.

139   열여섯 여학생인 나에게 세상은
       집을 나서는 것조차 용기를 내야 하는 곳이 되었습니다.

138   대한민국 여성인 내가 살아남을 수 있었던 이유는
       운이 좋아서.

137   여성이 자신에게 공격적인 태도를 취했다고 진술.
       → 전형적인 망상에 의한 묻지마 살인.

136   나는 오늘도 우연히 죽을지 모른다.

135   나는 17일 새벽 1시에 집에 있어서 살아남았다. 당연하다
       고 생각되는 것들이 당연하게 여겨지지 않는 사회가 되길.
       고인의 명복을 빕니다.

운 좋게 살아남은 사람으로서　　　　　　　　　134
앞으로도 운 좋게 살아남길 빌어야겠네요.

남혐, 여혐해서가 아니라,　　　　　　　　　133
여자라는 이유로 죽어야 했던 그녀를 위해 저는 애도합니다.

묻지마 범죄가 아닌 젠더 범죄다.　　　　　　132
나는 18일 새벽 1시에 잠을 자서 살아남았다.

우연히.　　　　　　　　　　　　　　　　131

삼가 고인의 명복을 빕니다.　　　　　　　　130
'여자라서' 살아남은 사람들이 더 나은 세상 만들게요.

알량한 자존심에 희생되게 해서 정말로 미안합니다.　　129

여자라서 죽지 않는 세상을 만드는 것.　　　　128
남은 자들의 몫이고 우리 모두의 책임이다.

아무것도 떠오르지 않고 아무것도 할 수 없는　　127
이 순간을 기억하며 행동하겠습니다.

126   다음 세상에서는 우리 안전한 세상에서 만나자.
       친구야 사랑해.

125   부디 그곳에서는 미친놈 만나지 말고, 행복하게 사세요.
       당신을 위해 강해질게요.

124   조금 더 좋은 세상을 만들기 위해서 노력하겠습니다.

123   '여자'가 아닌 '사람'으로 인정받는 세상에서 다시 만나.

122   이제는 가만히 있지 않겠습니다.
       삼가 고인의 명복을 빕니다.

121   방관자.

120   (위 포스트잇에 이어) 그렇게 말하는 당신도 방관자입니다.

119   삼가 고인의 명복을 빕니다.
       끝까지 외면하지 않을게요.
       혐오가 끝날 때까지
       나를 위해, 우리를 위해, 당신을 위해 싸우겠습니다.

stop misogyny.   118

죄송합니다. 삼가 고인의 명복을 빕니다.   117

사형제도 부활!   116

당신의 죽음이   115
결코 또다른 '한 여자'의 죽음이 되지 않도록
기억하고 싸우겠습니다.

우리는 살아남았으며 세상을 바꿀 것입니다.   114
stop misogyny.

미안하고 또 미안합니다.   113
삼가 고인의 명복을 빕니다.

GTA 같은 세상,   112
주인공이 되지 못해 너무 무서워요.

여성 전용만 있다고 '역차별' 운운하지 마세요.   111
왜 여성 전용이 있는지는 생각 안 해보셨나요?

156

110   여성 혐오를 멈춰주세요.

       대상이 아니라 사람입니다.

       삼가 고인의 명복을 진심으로 빕니다.

109   나는 이곳에 15일에 왔었기에 운 좋게 살아남았다.

       하지만 나는 언제까지 운이 따라줄지 알 수 없다.

108   삼가 고인의 명복을 빕니다.

       하늘에서 부디 행복하셨으면 좋겠어요.

       그리고 저는 살아남았습니다. 죄송합니다.

107   나는 단지 여성이기 때문에

       언제 살해당할지 전전긍긍하고 있다.

106   무고한 사람이 조심할 필요 없는 사회를 바랍니다.

105   우리는 그저 미래를 꿈꾸고 싶을 뿐이다.

104   여성들이 지켜줄게요.

       이제는 행동할게요.

       하늘에서는 꼭 행복하길 바라.

지금 이 길을 걷는 것도 저는 '여자라서' 무섭습니다.   103

살女주세요. 살아男았다.   102

삼가 고인의 명복을 빕니다. #강남살인남   101

일반화 vs. 죽음.   100
(모든 남자가 살인자는 아니야. or 나는 '나쁜' 살인자가 아니야.)

오늘 하루 전 운 좋게 살아 있습니다.   99
그대들도 운 좋게 살아 있습니까?
이 나라에서 여자들은 운이 좋아야 살아남습니다.
그대의 희망을 결코 헛되게 하지 않겠습니다.

삼가 고인의 명복을 빕니다.   98
폭력이 없는, 안전한 세상에서 다시 만나요.

내 친구였을지도, 동생이나 언니였을지도 모르는데   97
왜 이렇게 사람들은 별거 아닌 듯 얘기하는 걸까요.

살해당하고 싶지 않다. '인간'이니까.   96

95   여자라서 죽지 않는 세상을 만드는 것.
남은 자들의 몫이고 우리 모두의 책임이다.

94   이렇게 끝나서는 안 되는 삶이었음을 기억하겠습니다. 그
곳에서는 불안 없이 살아가시길. 고인의 명복을 빕니다.

93   삼가 고인의 명복을 빕니다. 사회적 노력으로 다시는 이런
일이 없도록 '안전한 나라'를 만듭시다.

92   사형제도를 제발. 도로 법규 재개정.

91   나는 그 시간에 강남역에 있지 않아 살아남았다.
부디 그곳에서 안녕하시길.

90   세상이 꼭 바꿀 거라고 믿어 의심치 않아요, 저는.

89   '잠재적 가해자'가 되신 것이 기분 나쁜가요?
저희는 '잠재적 피해자'가 되는 것이 두려워요.

88   묻지마 범죄가 아닌 젠더 범죄다.
나는 17일 새벽 1시에 잠을 자서 살아남았다.

당신이 아닌 '나'였을 수도 있던 죽음.　　　　　　87
절대로 잊지 않겠습니다.

내일은 엄마 딸이 무사할 수 있을까?　　　　　　86
나는 너무 무서워….

다른 여자 대신 우연히 살아 있습니다.　　　　　　85

전 운이 좋아서 남자로 태어났을 뿐입니다.　　　　84
삼가 고인의 명복을 빕니다.

'묻지마 살인'이 아닌 '여자라서' 살해된 것입니다.　　83
삼가 고인의 명복을 빕니다.

방금 지나간 남자분,　　　　　　　　　　　　　82
"사람 하나 죽은 걸로 왜 지랄이냐고요?"
당신은 남자라서 살았으니까!

입 닫고 눈물만 흘려야 추모입니까?　　　　　　81
순수한 추모 프레임은
또다른 억압이고 차별이고 낙인입니다.

80   가증스럽고 뻔뻔한 살인범을 거리에 함부로 방치하는
       공권력이 문제입니다.

79   삼가 고인의 명복을 빕니다.
       죽인 남자, 죽은 여자. 편히 쉬기를.

78   여성인 누군가를 대신해서 죽은 당신을 기억하겠습니다.

77   살고 싶어요.

76   삼가 고인의 명복을 빕니다.
       안전한 대한민국을 위해 노력하겠습니다.

75   아무 이유 없는 살인이 아니었습니다.
       여자이기 때문에 살해당한 겁니다.

74   삼가 고인의 명복을 빕니다.

73   2016년 5월 17일을 기억하겠습니다. 나는 오늘도 우연히
       살아남았을 뿐이라는 걸 기억하겠습니다. 고인의 명복을
       진심으로, 빕니다.

다른 곳에서는 여혐 범죄 없는 세상에서 사시길 바랄게요.   72

당신의 가족이었습니다.   71

나는 살아남아 있네.   70
삼가 고인의 명복을 빕니다.

매일 두려워하면서…. 더 이상 이렇게 살 수는 없다.   69
비정상적인 사회.

오늘도 죽임 당하지 않았단 사실에 안도하며 살아갑니다.   68

우연히 살아남아 이곳에 왔습니다.   67
우연히 살아남아 집으로 돌아갑니다.

잠재적 피해자 기분은 어떨 것 같아?   66

강력 법제로 피해자가 없게 사형제를 부활합시다.   65

소수의 남자를 모든 남자로 칭하지 말고,   64
진정한 추모를 위한 자리 되었으면….

162

63 강남 살인범이 화장실에 숨어든 뒤 6명의 남성이 화장실
을 이용했다. 명복을 빕니다.

62 삼가 고인의 명복을 빕니다.
당신은 또다른 우리였습니다.
아픕니다. 너무 아픕니다. 하지만 당신만큼 아팠을까요.
저곳에서는 아프지 않기를.

61 Misogyny made the victim.
(여성 혐오가 피해자를 만든다.―편집자)

60 삼가 고인의 명복을 빕니다. #강남살인男

59 우리 모두가 살아남는 법!

58 삼가 고인의 명복을 빕니다.
당신의 무고한 희생을 잊지 않겠습니다.

57 우리나라는 더 이상 이런 일이 발생하지 않게
대책을 모색해야 합니다.
삼가 고인의 명복을 빕니다.

헛되지 않고, 잊혀지지 않길 너무 바란다. 고마웠어.   56

삼가 고인의 명복을 빕니다.   55

당신은 아무런 죄가 없습니다.   54
다만 여성이었을 뿐입니다.
제가 되었을 수도 있겠죠.

우리도 사람입니다.   53

세상에서 가장 비겁한 짓은 힘없는 약자에게 분풀이를 하   52
는 것이다. 명백한 여성 혐오로 살인이 일어났다. 단지 만
만해보이는 여성이라는 이유로. 부디 좋은 세상으로 가셨
기를. 저희는 남아서 좋은 세상을 만들겠습니다.

나는 우연히 살아남았고, 당신은 운 나쁘게 죽었습니다.   51
내가 되었을 수도 있겠죠.
다음엔 더 좋은 세상에서 만나요.

어쩌면 친구였을지도 모를 우리.   50
다음 생엔 꼭 남자로 태어나자. (우연히 살아남은 내가 너에게)

49 다른 피해자가 더 발생하지 않도록 조금이라도 세상이 밝아지는 데 쓰임이 있는 사람이 되겠습니다. 고인의 명복을 빕니다.

48 이제껏 죽을까봐 못했던 말들,
이젠 '죽을 각오'로 외치겠습니다.
삼가 고인의 명복을 빕니다.

47 이런 세상을 만들어 미안합니다.

46 평소 강남역에 자주 옵니다.
만약 살아 계셨다면 저희도 아는 사이였을 수 있겠죠?
잊지 않을게요.

45 우리에게 필요한 것은
남성의 보호가 아닌 보호 없이도 안전한 세상입니다.
삼가 고인의 명복을 빕니다.

44 저는 우연히 살아남은 여성입니다.
당신의 죽음을 절대 잊지 않겠습니다.
삼가 고인의 명복을 빕니다.

모든 사회적 안전망의 부재에 굴복하지 않는   43
안전한 한국을 만들겠습니다.

아무 이유 없는 살인이 아니었습니다.   42
여자이기 때문에 살해당한 겁니다.

"여자니까 조심해야지"라고 말하는 당신,   41
당신이 일반화를 하고 있습니다.

꽃다운 그대 억울하게 떠나시는 길. 조용히 눈물로만 배   40
웅하고 싶었는데. 자꾸 시끄럽게 해서 미안해요. 이제 편
히 잠들길. 겨우 이 정도밖에 못해서 미안해요. 정말 미안
해요.

명복을 빕니다.   39
안전한 사회, 죄없는 사람이 피해 받지 않는 세상이 되길.

나는 여동생이 있습니다.   38
나는 여성을 존중합니다.
나는 여성 혐오 범죄를 규탄합니다.
나도 힘이 되겠습니다.

37 　어린이부터, 중고생부터, 약자에 대한 배려·감수성 교육을, (쓰레기 같은 현재의 성교육을 버리고) 제대로 된 성교육, 젠더 교육을!

36 　일반화되는 게 싫으신 남성분들, 우리 여성들은 화장실에서 몰카의 대상이 되고 여러 범죄의 대상이 되는 게 싫고 무서워요.

35 　'운이 좋아' 그 자리에 없었을 뿐, 누구든지 죽을 수 있었겠죠. '살아남은' 사람들이 당신을 기억하겠습니다.

34 　정말 미안합니다. 내가 살면서 가담해온 모든 여성 혐오의 결과인 것 같아 참담하고 너무나 죄송스러워요. 어떻게 살아야 이런 일이 조금이라도 줄어드는 데 도움이 될지 생각하고 주위의 도움을 받으며 답을 찾아나가겠습니다. 슬퍼하고 계신 모든 분들에게도 정말 죄송해요. 삼가 고인의 명복을 빕니다.

33 　나는 살아남을 것이다.
　나는 너희 따위에 겁먹지 않아.
　너희는 내가 멋지게 사는 것을 감히 막을 수 없어!

함께 느끼는 슬픔과 증오.   32

언젠가 내가 타깃이 될 수 있다는 가능성.

그 가능성에 대한 공포감이 사라지는 대한민국.

도대체 얼마나 기다려야 할까요?

고인의 명복을 빕니다.   31

꺾이는 꽃이 아니라

인간으로서 살 수 있도록 잊지 않겠습니다.

살해당하고 싶지 않다. '인간'이니까.   30

더 이상 침묵하지 않겠습니다.   29

더 이상 가만히 있지 맙시다.

나는 오늘도 무사히 살아남았습니다.

나는 당신을 죽인 사회의 공범입니다.

더 이상 침묵으로 여성 혐오를 외면하지 않겠습니다.

미안합니다.

어떤 말도 하고 싶지 않다.   28

삼가 고인의 명복을 빕니다.   27

26   두려움 없는 곳으로 잘 가셨는지요.

이런 일이 없는 세상이 되기를 빕니다.

25   여성 혐오는 우리 안에 있습니다. 여성도 안심하고 살 수

있는 세상을 만들기 위해 노력할게요. 당신을 잊지 않겠습

니다. 편히 쉬세요.

24   삼가 고인의 명복을 빕니다.

어설픈 위로를 보내기엔 제가 너무 무지하네요.

대신 세상이 바뀌도록 노력을 해보려고 합니다.

23   삼가 고인의 명복을 빕니다.

제발 죽이지 마세요. 여자 때리지 마세요.

제발 하지마, 제발.

22   모든 여성은 잠재적 피해자로서 두려움에 살고 있습니다.

우리 모두가 함께 해결해야 합니다.

21   당신은 여자라는 이유로 살해당했는데

제 옆에선 남녀 갈등 조장하지 말라고 외치네요.

삼가 고인의 명복을 빕니다.

삼가 고인의 명복을 빕니다. 여자라는 이유로 여자이기 때 20
문에 차별받는 세상 대한민국의 현실입니다. 여자라는 이
름으로, 더 이상 이런 일이 발생하지 않기를. 저는 운 좋게
살아남은 여자입니다.

전에 그런 트윗을 본 적이 있다. 남자가 전부 그런 건 아니 19
니 걱정 말라고. 그럼 지뢰밭을 걸어가봐라. 전부 지뢰가
있는 건 아니니까. 안심해라.

명복을 빕니다. 18

염산 테러 당하고 싶지 않아서 17
마스크를 쓰고 추모하러 왔습니다.

어제 추모 기사 댓글에서 새벽 1시까지 술 마시다 죽은 것 16
이 그렇게 애통하냐는 댓글이 베플이었습니다. 그냥 보고
있지 않을게요.!

너가 나야. 15
또다른 내가 죽은 세월호, 강남역.
우리가 살아남을 곳이 한국에 있을까?

170

14   여성들이 살인, 강간, 몰카, 성폭력 위협에서 자유로운 나
     라에서 살게 해주세요. 남자들은 지켜준다는 구린 말 대신
     여자들이 혼자서 마음 편히 다닐 수 있는 세상을 만들어
     주세요.

13   삼가 고인의 명복을 빕니다.
     나는 여지껏 운 좋게 살아남았군요.

12   일반화하지 마라, 선량한 본인까지 싸잡아 매도하지 마라,
     팻대를 세우는 것이 이 땅 여성들의 목숨보다 우선인 분들.

11   삼가 고인의 명복을 빕니다. 단지 내가 다음 차례일까봐
     두려워서 연대하는 사람 말고도 이미 성폭력 젠더 살인으
     로부터 살아남은 생존자들 또한 이 자리에 다녀갔다는 것
     을 안다. 우리 모두 가해자를 잘 만나 살아남았다.

10   남자라서 잠재적 가해자가 되는 게 싫으면
     여자라서 잠재적 피해자가 되지 않는 세상을 만들자고요.

9   사형제도가 필요한 시점.
     삼가 고인의 명복을 빕니다.

나 당신을 기억하리다.   8

우리가 방관해온 여성 혐오 때문에 여성이 살해된 겁니다.   7
그런데 아직도 여성 혐오가 있는지 모르겠어요? 아직도?

이제야 제가 여성 혐오자로 살아왔다는 것을 깨달았습니다.   6
지금부터 청산해나가겠습니다. 죄송합니다.

"이불 밖은 위험해"라는 말을   5
농담으로 할 수 있는 날이 오기를.

남 일이 아니라 나의 일입니다.   4
나는 오늘도 우연히 살아남았습니다.

기자님,   3
저는 살인자의 꿈이 뭐였는지, 궁금하지 않습니다.

삼가 고인의 명복을 빕니다.   2
다음 생에는 꼭 꺾이지 않는 꽃으로 태어나시길.

피해 여성의 꿈은 아무도 묻지 않았다.   1

강남역 10번 출구에서 엿본 추모와 희망

김서영 _경향신문 사회부 사건팀 기자

2016년 5월 17일, 서울 서초동 상가 화장실에서 한 20대 여성이 무참히 살해됐다.

처음 이 사실을 알게 됐을 때만 해도 몰랐다. 사람들이 이 사건을 '여성 혐오'라 부르며 거리로 나올 줄은. 사건 현장 인근인 강남역 10번 출구 외벽에 포스트잇 한두 장이 붙었단 소식을 SNS로 접했을 때도 노란색, 파란색 포스트잇이 전국으로 번져나가리라곤 상상도 못했다.

이례적인 움직임이었다. 여성이 모르는 남성에 의해 살해된 사건은 이전에도 많았다. 사건의 '잔혹성'만으로 따지면 이번 사건을 능가하는 경우도 몇 차례 보도된 바 있다. 하지만 이번처럼 온·오프라인을 넘나드는 추모 열기로 번진 적은 드물다. 초반에 '묻지마 살인'으로 보도된 한 사건이 한국 사회에 이렇게 큰 파장을 일으킬 것이라 예상한 사람은 아마 없을 것이다.

사건 이후 강남역 10번 출구 주변은 여성 혐오에 반대하는 '추모의 성지'가 됐다. "범죄의 이유가 사회에 깊이 뿌리내린 여성 차별임을 인정하지 않으면 우리 사회에 변화란 있을 수 없다" "나는 우연히 살아남았다" "다음 생에도 여자로 태어납시다. 그때는 세상이 바뀌어 있도록 지금부터라도 행동할게요. 미안합니다" "생존 아닌 삶을 달라" "페미사이드" "칼끝이 향한 곳이 분명한데 어떻게 눈먼 칼이라고 부를 수 있을까요" 등 절절한 메시지가 손바닥보다 작은 포스트잇에 고스란히 담겼다. 각각의 포스트잇은 여성들의 분노와 슬픔, 공감과 연대를 품고 있었다. 하나하나가 소중한 기록물이었고, 언론이 미처 담아내지 못한 목소리였다.

:

그 많은 포스트잇은 무엇을 말하는가

경향신문은 5월 22일 밤 시민들의 추모 메시지를 담은 포스트잇이 철거되기 직전 육안으로 확인 가능한 1004장의 내용을 전수 조사했다. 추모 5일째에 접어든 현장엔 포스트잇이 겹겹이 붙어 있기도 했고, 내용이 훼손된 것도 있었다. 사회부 사건팀 막내 기자 다섯 명은 현장에 흩어져 강남역 10번 출구 외벽과 인근에 추가로 설치된 추모 게시판에 붙은 포스트잇을 일일이 촬영했다. 포스트잇에 적힌 메시지들은 타이핑을 거쳐 텍스트로 정리됐다.

사건팀은 이 모든 텍스트를 취합해 분석했다. 포스트잇에선 추모와 애도, 죄책감과 자조, 분노와 다짐이 느껴졌다.

분석 결과 가장 많은 비중을 차지한 내용은 예상대로 '추모'였다. 강남역 10번 출구 현장을 방문한 사람들이 대체로 '슬픔'의 감정을 느꼈단 뜻이다. 추모의 글에서 가장 많이 사용된 단어는 '고인'(273번), '명복'(281번), '빕니다'(288번) 등이었다. 종합하면 말 그대로 "고인의 명복을 빕니다"란 뜻이다. '추모'라는 단어도 38차례 사용됐다.

이처럼 억울하게 숨진 피해자의 넋을 기리는 메시지가 전체의 4분의 1 이상을 차지했다. "어느 것도 고인의 잘못은 없습니다" "여성 멸시로 인해 일어난 범죄로 희생된 모든 이들을 추모합니다" 등 희생자를 위로하고 애도의 범위를 확장하는 내용도 있었다.

다음으로는 "운이 좋아 살아남았다"는 자조와 피해자에 대한 죄책감이 많았다. "그 시간, 그 자리에 없어서 살아남았다"는 안도인 동시에 "당신이 죽었고 내가 살아남았다"는 부채 의식이다. '살아남았다'는 단어는 132차례나 쓰였다. 희생자에게 '미안하다'(111번), '죄송하다'(36번)고 한 횟수도 합쳐서 100차례가 넘었다. 어떤 남성들은 "남자라서 미안하고 죄송합니다" "저는 잠재적 가해자입니다"라고 고백했다. "우린 우리가 언제라도 잠재적 폭력자가 될 수 있음을 너무 쉽게 잊고 살아왔습니다. 남성으로서 죄송합니다. 잘못했습니다. 용서를 빕니다"라는 자기반성이다.

여성들은 이 사건에서 '공포'를 느꼈다. "화장실도 무서워서 못 가겠다"며 '두려움'을 토로한 것은 50차례를 넘었다. 특히 학원에 가고 출근을 하고 친구를 만나며 수백 수천 번도 더 강남역을 지나쳤던 시민들에게 자신들이 '일상적'으로 오가던 공간이 누군가에겐 '죽음의 장소'가 됐다는 사실이 두려움을 야기하는 요인이 됐다. 시민들은 "그 화장실은 나도 가본 적 있다" "자주 가는 노래방"이라고 털어놨다.

이번 사건을 여성 혐오로 해석하는 시선도 두드러졌다. '여성 혐오'(116번·'여혐' 포함)란 표현도 눈에 많이 띄었다. "이는 절대 '묻지마' 살인 사건이 아니라 여성 혐오 살인 사건입니다" "김치녀, 삼일한…. 대한민국 여성 혐오는 더욱 심각해져갔고, 그것의 절정이 이번 강남 혐오 살인입니다" "명백한 여성 혐오로 살인이 일어났다. 단지 만만해보이는 여성이라는 이유로" 등이 대표적이다.

여성이 약자로 자리매김될 수밖에 없는 사회적 현실 속에서 "남자로 태어나고 싶다"는 외침도 눈에 띄었다. "다음에는 꼭 남자로 태어나 강간, 폭력, 살인 위협에서 조금, 많이 더 안전해질래요" "다음 세상에는 꼭 남자로 태어나자. 우리 같이" 등이다. 이 맥락에서 '남자'(187번 · '남성' 포함)들은 "여성 혐오를 부정하는 눈뜬장님들"에 비유되기도 했다. "남자인 친구한테 일반화하지 말라는 소리를 들었다"는 식이다. 포스트잇뿐만이 아니라 온라인상에선 강남역 살인 사건을 두고 남자친구와 논쟁을 벌이다 끝내 헤어졌다는 경험담도 종종 눈에 띄었다.

시민들은 "여성 혐오를 멈춰주세요. 공감할 수 없다면 침묵이라도 해주세요"라며 '살해'(59번)의 두려움을 털어놨고, '피해자'(50번)에 감정이입했다. 평소의 '차별'(27번) 경험을 털어놓은 여성도 많았다. 경찰의 발표처럼 '묻지마'(22번) 사건으로 해석하는 이는 상대적으로 적었다.

언제든 '여자란 이유만으로' 범죄의 대상이 될 수 있다는, '잠재적 피해자'로서 느끼는 두려움이 여성들을 연대하게 했다. 이들의 두려움을 이해하는 일부 남성들 역시 함께했다. 포스트잇을 남긴 시민들은 "당신의 죽음이 결코 또다른 '한 여자'의 죽음이 되지 않도록 기억하고 싸우겠다"는 의지를 분명히 했다. '잊지 않겠다'(24번)는 다짐은 물론 '안전'(46번)을 위해 '노력'(43번)하고 '행동'(16번)하겠다는 약속이 줄을 이었다.

:

'살아남은 자'들은 무엇을 해야 할까

강남역 화장실 살인 사건은 '여성 혐오'에 대한 논의가 한국 사회의 수면 위로 떠오르는 계기가 됐다. 살인 동기가 '여성 혐오'인지, 경찰이 이 사건을 여성 혐오에 의한 '혐오 범죄'로 보는지는 이제 이 논의에서 중요하지 않다. 시민들, 특히 여성들이 이 사건에서 '여성 혐오'를 찾았고 직접 목소리를 내기 시작했다는 점이 중요하다. 이는 관련 기사 작성을 위해 인터뷰를 부탁한 교수·활동가 등 전문가 모두가 공감한 바다.

포스트잇과 꽃다발로 뒤덮인 강남역 10번 출구를 처음 봤을 때가 생각난다. 서울 한복판 번화가에 모인 수백 명의 사람들은 말 없이 문구 하나하나를 찬찬히 읽고 있었다. 눈시울이 붉어진 사람, 입을 오물거리며 다른 사람이 남긴 포스트잇을 소리 내어 읽어보는 사람, 꽃을 놓는 사람. 이는 분명 '슬픔에 관한' 장면이었으나, 마냥 '슬프기

만 한' 풍경은 아니었다. 한 여성의 비참한 죽음이 이끌어
낸 사회적 참여와 공감의 목소리는 앞으로 한국 사회를
어떻게 변화시킬까. 강남역 10번 출구는 추모의 공간인
동시에 일말의 희망이 엿보인 공간이기도 했다.

　1004개 포스트잇은 우리에게 어떤 질문을 던지는 듯하
다. 희생된 피해자는 '어떤 사회'를 만들어주길 바라고 있
을까. '살아남은 자'들은 무엇을 해야 할까.

　권명아 동아대 교수는 "사건을 분석하는 전문가의 언어
도 의미가 있지만 수많은 추모객이 쏟아낸 진심 어린 말
들을 기록하고 공유하는 것이 더 소중한 일이다. 평범한
이들의 집단적 성찰이 이뤄지고 있는 이번 사건을 계기로
차별과 인권 등 우리 사회의 윤리를 돌아봐야 한다"고 말
했다. 1004개 포스트잇을 정리한 경향신문의 작은 노력이
우리 사회의 성찰과 변화로 이어진다면 더 바랄 것이 없
겠다.

가장 오래된 문명, 여성 혐오

정희진 _여성학 강사

남성의 경험은 역사가 되지만, 여성의 경험은 에피소드로 간주된다. 역사가 되지 못한 사건을 역사 서사로 만들어내는 것, 이것이 여성주의자들의 의제이다. _김은실

시작하지 않는 한 우리는 결코 알 수 없다. 과정 그 자체가 방법이며 목적이다. _거다 러너(Gerda Lerner)

"아는 만큼 보인다"는 모른다는 것을 인정하는 것이다. 특히 기득권, 주류, 중심주의 세계관에 익숙한 사람들은 자신이 알고 있는 세계가 현실의 일부라는 진실을 끊임없이 자각해야 한다. 깨달음, 통찰(in/sight)은 눈을 감아야 보인다. 즉 지금 알고 있는 것을 버려야 새로운 지식을 만날 수 있다. 그리고 그렇게 알게 된 현실을 인정하는 양심이 필

요하다. 현실은 드러날 때만 현실이 된다. 대개 현실을 변화시켜야 한다고 주장하지만 내 생각은 조금 다르다. 현실의 변화보다, 숨겨진 현실의 가시화가 훨씬 중요하고 이때 현실은 더 큰 폭으로 더 본질적으로 변화한다.

향후 게이 인권운동의 시초인 스톤월(Stonewall) 항쟁이나 흑인 여성 로자 파크스(Rosa Parks)의 버스 보이콧 운동처럼 명명이 이루어지겠지만, 2016년 5월 17일 서울 강남역에서 일어난 여성 살해 사건은 한국 사회 일상의 일부분이다. '유영철'부터 언급할 필요도 없이 지속적으로 발생하는 사건이다. 이번 일은 매우 전형적인 그리고 '순수한' 여성 혐오 사건이다. 차이점이 있다면, 이 사건을 "여성 혐오"라고 명명할 수 있는 여성들이 등장했다는 것이다.

지면 관계상 간략하게 언급하면, "남성 혐오", "묻지마"라는 단어 자체를 사용하지 말아야 한다. 이미 용의자가 "여성이라는 이유"라고 분명히 답했는데, 무엇을 묻지 말라는 것인가? 집단으로서 여성과 남성은 계급(sex class) 제도 아래서 정반대의 위치에 있다. 대칭적 집단이 아니다. 동등한 '여혐 vs 남혐'이 가능하다면, 이미 성차별 사회가 아닌 것이다.

:

한국 사회는 무엇을 지식으로 생각하는 것일까

개인적으로 내가 이번 사건에서 가장 중요하게 생각하는 문제는 한국 사회에 무슨 지식이 있는가라는 새삼스런 의문이다. 한국인들은 도대체 무엇을 아는가. 소위 인문학이라 불리는 철학, 신학, 역사, 문학을 전공하는 지식인들은 말할 것도 없고 고등학교 정도의 제도 교육을 통과한 평범한 시민이라면, 여성 혐오가 인류 역사의 기반이라는 것은 상식이다. 몸과 마음, 이성과 감정, 문명과 야만 등모든 위계적인 이분법에서 아랫자리는 여성이다. '남성이 정신이라면, 여성은 육체'고, '남성이 이성이라면 여성은 감정'이며, 정신/이성은 몸/감정보다 우월하다고 가르치는 사회가 가부장제다. 우리에게 익숙한 모든 인식론은여성을 배제, 비하하는 데서 성립된 것이다. "이브의 유혹"부터 "마'녀'사냥", "술, 담배, 여자"처럼 여성은 술과 담배와 같은 급인 대상이다. 여성은 인간(man/kind)이 아니다.

한자 문화권에서 나쁜 의미에는 모두 계집 녀(女)가 들어간다. 일단 혐오(嫌惡)부터가 그렇고, 녀(帤, 걸레나 낡은 헝겊이라는 뜻), 비(婢), 첩(妾), 간(奸), 창(娼), 자(姿), 기(妓), 왜(倭), 요(妖)… 끝이 없다. 그런데 왜 자기 자신이 내면화하고 행동하고 있는 여성 혐오를 과격한 언어라며 불쾌해하고 발뺌하는가. 왜 새로운, 놀라운, 이해할 수 없는, 있을 수 없는 일이라고 생각하는가. 여성 혐오 없이는 가부장제, 자본주의, 나이/외모주의, 장애인 차별, 인종주의, 동성애 혐오도 작동하지 않는다. 여성은 가장 큰 타자(他者) 집단이며, 타자를 상징한다. 모든 언어와 인식 체계는 성별화된 은유(gender metaphor)에 기반하고 있다.

인구학적 특징 중에서 성별(여성)이라는 단 한 가지 요소만으로 시공간의 조건과 무관하게 다른 구조 없이 여성을 비하하고 증오하며 여성에 대한 폭력과 차별이 정당화, 정상화되는 것이 여성 혐오다. 다른 사회적 맥락 없이 역사를 통틀어 지속적으로 이루어져왔기 때문에, 역설적으로 인식하기 어려운 문제다. 그렇다고 해서 여성 혐오가 몰(沒)역사적이라는 이야기는 아니다. 역사 자체가 여성 혐오에 기반하고 있기 때문에, '어떤' 여성이 당하는가 '어떤' 남성이 행하는가는 부차적이다.

여성 혐오(misogyny)는 부정적 의미를 뜻하는 접두사 "mis~"와 여성을 뜻하는 "gyn"의 합성어이다(다른 영어 표현으로는 hate, disgust 등이 있다). 지금 여론과 남성들은 혐오라는 말 자체를 불쾌해하면서 "문제를 차분히 해결하자"고 주장한다. 가해 집단이, 국민을 보호해야 할 집단이 할 말은 아니다.

한국 사회에서 '혐오'는 어감이 강하다. 한자의 의미는 '극렬'하기까지 하다(惡). 하지만 여성이 남성에게 듣는 욕설, 모욕, 비하의 언어들을 생각해보면 '혐오'는 지적이기까지 하다. 더구나 여성 혐오는 집단으로서 남성이 집단으로서 여성에게 혐오를 드러내고 행동한다는 의미다. 혐오의 발화 주체는 남성이다. 폭력과 살해, 그리고 그것을 가능하게 하는 일상 문화에 젖어 있으면서 '혐오'가 과격한가? 내가 가정폭력 상담을 했던 남성들이 생각난다. 그들은 늘 내게 호소했다. "나는 '집사람'을 때렸지 사람을 때린 게 아니라니까요." "나는 목을 졸랐지 폭력을 쓴 게 아니라니까요." "나는 교육을 시켰지 때린 게 아니라니까요." "제발 '폭력', '폭력' 하지 마세요. 선생님(나)이 말하는 게 진짜 폭력이에요."

:

명명의 윤리와 정치학

한국 사회에는 동성애자 차별이 없다는 이들이 있다. 대표적인 예로, 한국은 미국과 달리 여성들끼리 손잡고 길거리를 다닐 정도로 동성끼리의 친밀감을 자연스럽게 수

용한다는 것이다. 동성애에 대한 차별이 가능하려면, 일단 동성애라는 언설과 주체가 가시화되어야 한다. 다시 말해, 위 논리는 동성애 자체에 대한 인식이 없는 것을 차별이 없다고 주장한다. 여성 혐오도 마찬가지다. 사회 전체가 여성 혐오나 성차별 자체에 대한 인식이 없기 때문에, 눈앞에 벌어지는 현실도 외면하는 것이다. '그런' 현실이 없다고 믿는 것이다. '그런' 일이 늘 발생하는데도, "그런 일이 정말 있느냐"고 묻는다. 아무리 인간은 "믿는 대로 본다"지만, 대한민국의 성차별 인식은 심각한 경우다.

우리 사회는 매우 강한 성별 분리, 분업 사회다. 성별 분업은 남성은 공적 영역에서 임금노동을, 여성은 가사노동과 육아노동을 평등하게 분담한다는 의미가 아니다. 모든 분업은 위계를 전제로 한다. 한국 사회의 성별 분업은 남성이 남성의 일을 제대로 안 할지언정(실업 상태 혹은 집안일을 하지 않음) 대부분의 여성은 집안일과 임금노동 양 영역에서 종사하는 이중 노동을 의미한다(내 또래의 페미니스트들은 가사노동, 간병, 생계, 공부, 여성운동을 하고 있는데 왜 더 많이, 더 잘하지 않느냐는 비판을 받는다). 성별 분리의 일상 문화는 남성은 남성끼리, 여성은 여성끼리 생활하는 것인데 전자는 여성에 대한 비하를 통해 내부 결속을 다지는 남성 연대(male bonding)라는 권력 행위지만 여성은 그렇지 않다.

성별 분리 사회에서 여성은 남성의 세계와 여성의 세계 두 영역을 모두 경험하고 이해하는 데 반해, 남성은 여성의 경험은커녕 자기가 누구인지도 이해하기 어려운 구조에서 살아간다. 이는 이번 사건에서도 극명한 결과를 낳았다. 남성의 사회성 부재와 남성 우월주의는 남성의 지적, 문화적 지체 현상을 초래했고 성별 문제에 대한 대화를 불가능하게 만들었다. 남성들의 문화 지체 현상은 일반인, 지식 사회, 진보 진영에서나 큰 차이가 없다. 예전에 〈딸들아 일어나라〉라는 여성을 계몽시키는 노래가 있었는데, 이런 부정의가 없다. '정신을 차리고 일찍 일어나 청소하고 밥하고 사회의식을 가져야 할 사람'은 여성이 아니라 남성이다. 남자들은 우리를 가르치려 한다? 나는 그렇게 생각하지 않는다. 남성에게, 백인에게, 이성애자에게 배울 것은 없다. 문제는 맨스플레인이 아니라 그들이 가르칠 내용이 없다는 것이다.

이번 사건은 남성들 간의 계급 격차가 여성에게 전가된 것도 아니고, '묻지마 폭력'은 더욱 아니며, 남성의 실업과 열등감의 표출도 아니고, 여성의 안전 문제도 아니다. 가장 위험한 해석, "정신병자의 우발적 사건"은 더더욱 아니다. 아주 간단한 사건이다. 여성 혐오다. 그리고 5천 년의 역사는 쉽게 극복되지 않을 것이다. 지금 이 순간에도 일어나고 있는 일이다. 일상은 역사의 근본 문제, 인간 본성 (human nature), 인류의 지적 유산 아래 펼쳐진 정치의 지속 이다.

타자 없는 세상을 어떻게 만들 것인가. 이것이 프로이트 가 말한 인류 문명의 양면이다. 문명과 그 후유증, 문명과 그 불만, 문명 속의 불행…. 그는 문명의 제약과 본능의 욕 구 사이에 대해 고뇌했다고 알려졌지만, 실상 그의 무의식 에서의 논쟁은 '본능'의 문제가 아니라 여성의 노동과 죽 음 위에 건설된 문명의 성별성에 대한 윤리적 갈등이었다. 본능이란 없다. 무엇이 본능인가/아닌가를 결정하는 것 자체가 인간의 언어이기 때문이다.

누가 언어를 전유할 것인가. 이번 사건을 계기로 여성 혐오가 여성의 입장에서 '독점적'으로 해석되어야 한다. 이는 피해자의 권리이자 고인에 대한 예의다. 강남역 사건 을 '여성 혐오' 외에 다른 언어(남성 사회의 언어)로 다루는 것 은 왜곡일 뿐만 아니라 실정법상 범죄 행위다.

이 글의 주제는 강남역 사건의 성격은 무엇인가다. 나의 지력(知力)으로는 이렇게 요약할 수밖에 없다. 5·18은 "공 산 폭도의 반란"이었는가? "정치 군인이 정권을 탈취하기 위해 국민을 학살한 내전"이었는가.

강남역 10번 출구, 1004개의 포스트잇
어떤 애도와 싸움의 기록

초판 1쇄 발행 | 2016년 6월 7일
초판 4쇄 발행 | 2021년 3월 25일

기획·채록 | 경향신문 사회부 사건팀
해제 | 정희진
펴낸이 | 임윤희
아트디렉팅 | 권으뜸
제작 | 제이오

펴낸곳 | 도서출판 나무연필
출판등록 | 제2014-000070호(2014년 8월 8일)
주소 | 08613 서울 금천구 시흥대로73길 67 금천엠타워 1301호
전화 | 070-4128-8187
팩스 | 0303-3445-8187
이메일 | wood.pencil.official@gmail.com
페이스북·인스타그램 | @woodpencilbooks

ISBN | 979-11-953470-4-9 03330

• 이 책의 국립중앙도서관 출판시도서목록(CIP)은 e-CIP 홈페이지(www.nl.go.kr/cip.php)와
  국가자료공동목록시스템(www.nl.go.kr/kolisnet)에서 이용하실 수 있습니다.
  (CIP 제어번호: CIP2016013340)